2019 개정 누리과정(유아 · 놀이 중심 교육과정)에 기초한

유아교육과정

정 연 희

창지사

머리말

2020년에는 갑자기 닥친 코로나로 인해 의도치 않게 언택트시대가 열렸다. 줌을 통한 실시간 온라인수업이나 녹화를 통한 비대면수업이 주를 이루고, 교실에서 수업하는 광경이 거의 사라진 최초의 한 해가 되었다. 이는 인공지능 로봇, 가상현실기술, 3D 프린팅, 사물인터넷 등의 최첨단 미디어가 실제 교육현장에 널리 활용되는 디지털화된 교실로 변화를 촉진할 것으로 보인다. 또한, 2020년은 2019년에 개정된 누리과정과 2020년에 개정된 제4차 표준보육과정이 첫 실행된 해이기도 하다. 이러한 즈음 어떻게 새로 개정된 유아교육과정과 앞으로 변화될 유아교육의 방향을 반영할 수 있을지 많은 고민을 하며 『유아교육과정』을 집필하게 되었다.

제1장에서 제5장까지는 유아교육과정의 기초로서 유아교육과정의 개념 및 유형, 철학적 기초, 심리학적 기초, 사회적 기초, 유아교육과정의 분류에 대해 그동안 유아교육과정에서 다루었던 내용을 이해하기 쉽고 핵심적인 부분을 중심으로 서술하였다. 제1장 '유아교육과정의 이해'에서는 교육과정의 개념 및 유형, 유아교육과정의 개념 및 유형에 대해 다루었다. 제2장 '유아교육과정의 철학적 기초'에서는 플라톤, 코메니우스, 페스탈로치, 프뢰벨, 듀이, 몬테소리 등 유아교육사상가들의 교육철학에 대해 다루었다. 제3장 '유아교육과정의 심리학적 기초'는 성숙주의이론, 행동주의이론, 정신분석이론, 인본주의이론, 구성주의이론, 다중지능이론, 생태체계이론 등 유아교육사상가들의 이론을 중점으로 다루었다. 제4장 '유아교육과정의 사회적 기초'에서는 유아교육과정의 사회적 기초를 이루는 사회적 요인인 가족구조의 변화, 여성의 사회진출, 저출산 문제, 복지 차원에서의 영유아교육지원, 정보화사회와 세계화시대의 도래를 살펴보고 미래사회의 변화와 유아교육의 방향에 대해 다루었다. 제5장 '유아교육과정의 분류'는 와이카트의 분류, 메이어의 분류, 콜버그와 메이어의 분류, 비셀의 분류 등 전통적인 분류유형을 다루었다.

제6장에서 제12장까지는 개정 누리과정의 핵심내용인 놀이 중심 교육과정의 이해, 계획, 운영, 평가에 대해 중점적으로 서술하였다. 제6장 '누리과정의 구성'에서는 2019 개정 누리과정에 대해 누리과정의 제적과 개정, 누리과정의 성격, 누리과정의 구성방향, 누리과정의 운영, 누리과정 영역별 목표 및 내용을 중점적으로 다루었다. 제7장 '표준보

육과정의 구성'에서는 2020년에 개정된 제4차 어린이집 표준보육과정에 대해 표준보육과정 연혁 및 고시배경, 표준보육과정의 성격, 표준보육과정의 구성방향, 표준보육과정의 운영, 0~1세 영역별 목표 및 내용, 2세 영역별 목표 및 내용을 중점적으로 다루었다. 제8장 '유아교육프로그램'에서는 놀이 중심 교육과정의 토대가 되는 프로젝트 접근법, 레지오 에밀리아 접근법, 생태교육프로그램을 중점적으로 다루었다. 제9장 '놀이 중심 교육과정의 이해'에서는 유아 놀이의 정의, 유아 놀이의 특성, 놀이 중심 교육과정에서 반영해야 할 요소, 놀이 중심 교육과정의 방향, 놀이 중심 교육과정의 실천 등에 대해 다루었다. 제10장 '놀이 중심 교육과정에 기초한 유아교육과정의 계획'에서는 유아교육의 목적 및 목표를 살펴보고, 유아의 흥미와 관심을 반영한 만들어가는 교육과정에서의 교육계획의 수립에 대해 중점적으로 다루었다. 제11장 '놀이 중심 교육과정에 기초한 유아교육과정의 운영'에서는 놀이 중심 교육과정을 반영한 일과구성, 놀이공간, 놀이자료, 상호작용에 대해 다루었다. 제12장 '놀이 중심 교육과정에 기초한 유아교육과정의 평가'에서는 놀이 중심 교육과정에서의 평가를 살펴보고 유아평가, 교사평가에 대해 다루었다.

2019년 개정 누리과정과 2020년 제4차 어린이집 표준보육과정 시행이 시작되는 시점이어서 많은 운영사례를 넣지 못한 점은 아쉽지만 『유아교육과정』을 집필하면서 진정한 유아중심의 놀이 중심 교육과정 시행에 대한 기대와 코로나로 인해 비대면시대에서의 유아교육의 방향에 대해 생각해 보는 계기가 되었다.

제1장에서 제5장까지 다룬 유아교육과정의 기초이론은 간략화하고, 제6장에서 제12장까지는 개정 누리과정, 제4차 어린이집 표준보육과정, 놀이 중심 교육과정 관련 유아교육프로그램, 놀이 중심 교육과정의 이해, 계획, 운영, 평가에 대한 내용을 강화하여 부족하나마 놀이 중심 교육과정에 대한 이해에 조금이나마 도움이 되었으면 하는 생각으로 『유아교육과정』을 완성하였다. 이 책은 지금은 하늘에 계신 사랑하는 엄마의 병상을 지키며 집필한 책으로, 항상 무한한 사랑을 아낌없이 주신 사랑하는 나의 엄마 박점석 여사님께 헌정하고자 한다.

2020년 겨울, 그리운 엄마를 마음에 새기며…

정연희

차 례

■ 머리말 / 2

CHAPTER 01 유아교육과정의 이해 9

1. 교육과정의 개념 및 유형 / 10
2. 유아교육과정의 개념 및 유형 / 13

CHAPTER 02 유아교육과정의 철학적 기초 17

1. 플라톤 / 18
2. 코메니우스 / 19
3. 루소 / 20
4. 페스탈로치 / 22
5. 프뢰벨 / 23
6. 듀이 / 25
7. 몬테소리 / 27

CHAPTER 03 유아교육과정의 심리학적 기초 29

1. 성숙주의이론 / 30
2. 행동주의이론 / 31
3. 정신분석이론 / 34
4. 인본주의이론 / 38
5. 구성주의이론 / 41
6. 다중지능이론 / 45
7. 생태체계이론 / 47

CHAPTER 04 유아교육과정의 사회적 기초 49
1. 가족구조의 변화 / 50
2. 여성의 사회진출 / 50
3. 저출산 문제 / 51
4. 복지 차원에서의 영유아교육지원 / 52
5. 정보화사회와 세계화시대의 도래 / 53
6. 미래사회의 변화와 유아교육의 방향 / 53

CHAPTER 05 유아교육과정의 분류 59
1. 와이카트의 분류 / 60
2. 메이어의 분류 / 63
3. 비셀의 분류 / 65
4. 콜버그와 메이어의 분류 / 66

CHAPTER 06 누리과정의 구성 69
1. 누리과정의 제정과 개정 / 70
2. 누리과정의 성격 / 71
3. 누리과정의 구성방향 / 71
4. 누리과정의 운영 / 73
5. 누리과정 영역별 목표 및 내용 / 75

CHAPTER 07 표준보육과정의 구성 81

1. 표준보육과정 연혁 및 고시 배경 / 82
2. 표준보육과정의 성격 / 83
3. 표준보육과정의 구성방향 / 84
4. 표준보육과정의 운영 / 86
5. 0~1세 영역별 목표 및 내용 / 88
6. 2세 영역별 목표 및 내용 / 95

CHAPTER 08 유아교육프로그램 103

1. 프로젝트 접근법 / 104
2. 레지오 에밀리아 접근법 / 130
3. 생태교육프로그램 / 144

CHAPTER 09 놀이 중심 교육과정의 이해 151

1. 유아 놀이의 정의 / 152
2. 유아 놀이의 특성 / 154
3. 놀이 중심 교육과정에서 반영해야 할 요소 / 161
4. 놀이 중심 교육과정의 방향 / 163
5. 놀이 중심 교육과정의 실천 / 164

CHAPTER 10 놀이 중심 교육과정에 기초한 유아교육과정의 계획 167

1. 유아교육의 목적 및 목표 / 168
2. 놀이 중심 교육과정에 기초한 교육계획의 수립 / 173

CHAPTER 11 놀이 중심 교육과정에 기초한 유아교육과정의 운영 197

1. 일과구성 / 198
2. 놀이공간 / 221
3. 놀이자료 / 245
4. 상호작용 / 251

CHAPTER 12 놀이 중심 교육과정에 기초한 유아교육과정의 평가 255

1. 놀이 중심 교육과정에서의 평가 / 256
2. 유아평가 / 260
3. 교사평가 / 268

- 참고문헌 / 271
- 저자소개 / 275

CHAPTER 01

유아교육과정의 이해

01 교육과정의 개념 및 유형

02 유아교육과정의 개념 및 유형

1. 교육과정의 개념 및 유형

1) 교육과정의 개념

'교육과정(curriculum)'은 '쿠레레(currere)'라는 라틴어에서 나온 용어로 '경마장에서 말이 달리는 경주로'를 의미한다(교육부, 1998). '쿠레레(currere)'라는 어원에서 유래된 '교육과정(curriculum)'은 학생이 학교에 입학해서 졸업할 때까지 달려가는 정해진 코스, 즉 학생들이 학습할 내용을 일정한 순서에 따라 조직하고 배열한 것이라고 할 수 있다(유광찬, 1999; 양옥승 외, 2011).

여러 학자들이 주장하는 교육과정의 개념을 살펴보면 다음과 같다.

교육과정에 대한 다양한 개념

- 학습을 위한 문화를 발전시키거나 학습환경을 만들기 위한 틀이다(Goffin & Wilson, 2001).
- 학교환경에서 아이들의 학습을 위해 공식적 · 비공식적 기회를 제공하도록 고안된 조직화된 경험이다(Spodeck & Saracho, 1994).
- 학습자에게 가치 있고 바람직한 목표를 설정하고, 이를 성취하기 위해 교육내용, 방법, 평가를 체계적으로 조직한 교육의 기본설계도이다(Tanner & Tanner, 1980).
- 교육을 주도하는 기관이 그 기관의 교육목표에 따라 학습자의 성장과 발달을 돕기 위해 체계적으로 개발하여 수립하는 지식과 경험을 포함한 모든 종류의 교육내용에 대한 사전계획과 기대하는 결과이다(이성호, 2004).

2) 교육과정의 유형

교육과정의 유형은 다양한 준거에 따라 분류할 수 있다. 교육과정의 유형을 크게 교육사조에 따른 분류, 교육과정 조직 수준에 따른 분류, 의도성에 따른 분류로 나누어 살펴보면 다음과 같다(김미경 외, 2018; 박영신 외, 2015; 양옥승 외, 2011).

(1) 교육사조에 따른 분류

❶ 교과중심 교육과정

교과중심 교육과정은 교사가 학습자에게 가르쳐야 할 주제 또는 제목, 내용을 열거한 교과를 의미한다. 교과중심 교육과정은 인류의 문화유산 중 가치 있는 것을 학교교육을 통해 다음 세대에 계승하는 것을 목적으로 한다. 객관적으로 가치 있다고 생각하는 내용을 논리적이고 체계적으로 조직함으로써 학습계획 및 진도의 진행, 관리가 쉽지만 학습자의 흥미와 요구를 고려할 수 없는 단점이 있다.

❷ 경험중심 교육과정

경험중심 교육과정은 학습자의 흥미와 요구를 바탕으로 사회생활의 적응을 강조하는 아동중심, 흥미중심 및 생활중심 교육과정을 의미한다. 경험중심 교육과정은 학습자의 흥미와 경험에 기초해서 개인의 성장과 문제해결능력을 기르는 것을 목적으로 한다. 학교환경으로부터 직 · 간접으로 배우는 잠재적 교육과정에 관심을 갖게 되었다는 데 의의가 있으나 교과보다는 학습자의 흥미와 요구를 중시하여 교육의 질 저하를 초래할 수도 있다는 비판이 있다.

❸ 학문중심 교육과정

학문중심 교육과정은 학습자 스스로 탐구의 과정을 통해 '발견의 기쁨'을 경험하는 것을 강조하는 교육과정이다. 학문중심 교육과정은 탐구학습 또는 발견학습을 통해 체계적 지식과 탐구능력을 기르는 것을 목적으로 한다. 새로운 지식을 접했을 때 스스로 탐구할 수 있는 능력을 기르는 것에 중점을 두었다는 데 의의가 있으나 지나치게 지식교육에 치중했다는 점, 학습자의 요구나 특성을 간과할 수 있다는 점, 지식의 통합화보다는 분절화를 강조한다는 비판이 있다.

❹ 인간중심 교육과정

인간중심 교육과정은 학습자가 자신에게 일어나는 일을 잘 수용하고 대처해 나갈 수 있고 자아실현이 가능한 인간으로의 성장을 강조하는 교육과정이다. 인간중심 교육과정은 인간다움을 회복하고 개인적으로 만족스러운 삶을 살 수 있도록 도와줌으로써 개인의 자아실현을 지향하는 것을 목적으로 한다. 교사가 학습자와 인간적인 관계를 맺고 개인 학습자에 대한 존중, 공감적 이해, 애정을 강조하나 개인의 성장을 지나치게 강조하여 교육의 본질에 대한 전반적 이해가 결여될 수 있으며, 정서적 측면을 강조하여 인지적 발달을 소홀히 할 수도 있다는 비판이 있다.

(2) 교육과정 조직 수준에 따른 분류

❶ 국가수준의 교육과정

국가수준의 교육과정은 국가가 학습자에게 어떤 목적을 위하여 무엇을 가르칠 것인가에 대해 결정을 해 놓은 일련의 문서를 의미한다. 누리과정, 표준보육과정과 같이 교육법규에 의거해 고시된 교육과정, 교사용 지도서 등이 이에 속한다.

❷ 교사수준의 교육과정

교사수준의 교육과정은 교사가 만든 문서와 수업행동을 의미한다. 월별 · 주별 수업계획안, 교수-학습지도안, 실제 교사가 가르치는 내용과 행위 등이 이에 속한다.

❸ 학습자수준의 교육과정

학습자수준의 교육과정은 학습자가 학교에서 생활하는 동안 가지는 경험의 총체를 의미한다. 경험의 총체에는 '학교의 의도에 의해 발생하는 경험'과 '학교의 의도와 관계없이 발생하는 경험'이 모두 포함된다.

(3) 의도성에 따른 분류

❶ 공식적 교육과정

공식적 교육과정은 국가수준 교육과정을 바탕으로 학교가 의도하고 계획한 교육과정을 의미한다. 국가수준의 교육과정 문서, 시 · 도 교육청의 교육과정 지침, 장학자료, 학교의 교육방침 등이 이에 속한다. 교수를 위한 계획으로서의 교육과정으로 포괄적이거나 구체적일 수도 있고 장기적 계획이거나 단기적 계획일 수도 있다.

❷ 잠재적 교육과정

잠재적 교육과정은 학교가 의도하지 않았음에도 학생이 교사나 또래집단과의 상호작용과정에서 얻는 교육경험을 의미한다. 학습자가 은연중에 습득하는 가치, 태도, 행동양식 등이 이에 속한다. 공식적 교육과정과 잠재적 교육과정이 상호보완적일 때 학습자의 행동에 바람직한 영향을 미칠 수 있다.

❸ 영 교육과정

학교에서 의도적으로 가르치지 않거나 소홀히 되는 영역으로 학습자가 경험하지 못한 교육과정을 의미한다. 사회 · 문화적 금기, 정치적 규제 등의 영향으로 고의적으로 배제된 가치나 특정 지식 등이 이에 속한다.

2. 유아교육과정의 개념 및 유형

1) 유아교육과정의 개념

유아교육은 바람직한 유아의 성장과 발달을 돕는 모든 과정의 총체라고 할 수 있다(김용숙, 2018). 유아교육과정은 학자마다 다양하게 정의하고 있는데 유아교육과정의 개념을 살펴보면 다음과 같다.

유아교육과정에 대한 다양한 개념

- 유아교육과정은 유아의 전인적 성장과 발달을 돕기 위해 유아교육기관에서 유아가 학습해야 할 내용, 교육과정의 목표를 성취해 나가는 과정, 유아의 목표성취를 돕기 위한 교사의 역할, 교수-학습이 발생하는 상황에 관해 계획한 조직화된 틀이다(한국유아교육학회, 1996).
- 학교환경에서 아이들의 학습을 위해 공식적 · 비공식적 기회를 제공하도록 고안된 조직화된 경험이다(Spodeck & Saracho, 1994).

- 유아교육에서는 교육과정이 프로그램이라는 용어로 자주 대체되어 사용되며, 프로그램이란 학교 안에서 일어날 수 있는 모든 계획적인 경험뿐 아니라 가정과 지역사회에서 연장될 수 있는 교육적 경험이다(Almy, 1975).
- 교육을 주도하는 기관이 그 기관의 교육목표에 따라 학습자의 성장과 발달을 돕기 위해 체계적으로 개발하여 수립하는 지식과 경험을 포함한 모든 종류의 교육내용에 대한 사전계획과 기대하는 결과이다(이성호, 2004).
- 유아의 전인적 성장과 발달을 돕기 위해 교육적 상황을 마련하고 모든 종류의 교수-학습경험을 체계적으로 구성한 설계도다(방인옥 외, 2009).

2) 유아교육과정의 유형

슈바르츠와 로빈슨(Schwartz & Robinson, 1982)은 일반교육과정 유형과 맥락을 같이 하면서도 유아교육의 특성을 반영하여 유아교육과정의 유형을 다섯 가지로 분류하였다(김미경 외, 2018; 문미옥, 2015; 이기숙 외, 2013).

(1) 교수요목으로서의 교육과정

유아에게 가르칠 교육목표와 내용, 순서를 일련의 문서로 작성한 교수요목을 교육과정이라고 보는 입장으로 매우 좁은 의미의 정의라고 할 수 있다. 교수요목으로서의 교육과정은 일정 시기에 교과목별로 학습할 내용이 작성되어 있어 어떤 교사라도 교육을 수행하는 데 용이한 장점이 있다. 또한, 교사가 실제로 교육계획안을 작성하고 활동을 평가하는 데 도움을 주는 자료가 될 수 있다. 그러나 교수요목으로서의 교육과정이 국가수준에서 획일화된 문서로 제시된다면 유아교육기관 및 지역사회의 특성, 유아의 흥미와 요구, 현장에서의 실제적인 경험들이 반영되기 어렵다는 문제점이 있다.

(2) 교수계획으로서의 교육과정

교사에 의해 미리 짜여진 교수계획, 의도된 계획을 교육과정이라고 보는 입장으로 교육과정의 보편적인 정의라고 할 수 있다. 의도된 계획으로서의 교육과정은 매우 구체적일 수도 있고 포괄적일 수도 있으며, 장기적 계획일 수도 있고 단기적 계획일 수도 있다. 유아를 위한 교육목표, 내용, 방법 등의 계획을 중심으로 하여 매일의 교육내용을 진술하고 있는 것에서부터 주제나 영역에 따라 일련의 활동을 진술하는 것까지 다양하다.

교수계획은 유아의 욕구, 흥미, 활동을 예측하고 자료와 환경을 체계화함으로써 경험이 풍부한 교사나 초보교사 모두가 큰 어려움 없이 적용할 수 있는 교육과정이다. 그러나 교사에 의해 미리 짜여진 교수계획은 매일의 유아의 요구와 흥미를 반영하기 어렵다는 점이 있다. 따라서 교사에게는 미리 짜여진 교육계획도 상황에 따라 대체가 가능한 융통성이 요구된다.

(3) 프로그램으로서의 교육과정

몬테소리프로그램, 디스타프로그램 등과 같이 한 가지의 접근방법이나 이론에 기초한 유아교육모델 유형을 유아교육과정이라고 보는 입장이다. 대부분의 유아교육프로그램이 성숙주의, 행동주의, 구성주의와 같은 유아의 학습과 발달에 관한 이론을 바탕으로 한다. 유아교육프로그램은 일반적인 유아교육과정의 개념에 비해 구체화되고 실제 현장에서 가르치는 교육내용을 상세하게 기술한 협의의 개념이다. 프로그램으로서의 교육과정은 유아교육기관의 종류, 설립목적 및 설립주체, 대상 유아의 연령과 발달수준, 운영시간 등에 따라 차이가 있을 수 있다.

(4) 우연히 일어난 것으로서의 교육과정

우연히 일어난 것으로서의 교육과정은 활동의 주도권이 유아에게 있고, 개별 유아의 요구와 흥미를 중심으로 교육경험이 결정되는 유아교육과정을 의미한다. 이 교육과정에서 유아는 스스로 선택한 활동에 능동적으로 참여하여 학습해 나갈 수 있다. 또한, 이 교육과정은 학습의 구체적인 내용보다는 학습하는 과정과 경험, 유아의 흥미 그 자체를 가치 있는 것으로 본다. 따라서 교사는 교육내용을 미리 계획하거나 선정하기보다는 유아의 흥미와 요구가 다양하게 반영될 수 있도록 교육환경을 지원하고, 끊임없는 관찰과 배려로 유아를 안내해야 한다. 이러한 교육과정은 유아를 위한 개별화교육이라는 장점은 있으나 교육과정의 범위가 모호하고, 유아의 흥미와 요구에 따라 반응적으로 운영할 수 있는 교사의 유능함이 필요하다는 단점이 있다.

(5) 유아가 교육기관에서 갖는 모든 경험으로서의 교육과정

유아가 교육기관에서 갖는 모든 경험을 교육과정으로 보는 입장이다. 이러한 교육과정은 교사가 계획하고 의도한 경험뿐 아니라 의도하지 않았지만 유아에게 영향을 줄 수 있는 잠재된 교육과정까지 포함한다. 따라서 의도된 경험뿐 아니라 계획되지 않은 요인이 유아에게 영향을 미친다는 점에서 교사의 민감성이 요구된다. 예를 들어, 교실 분위기, 교사와 유아, 유아와 유아, 유아와 교구의 상호작용 등과 같은 모든 인적 · 물리적 환경이 중요시된다. 따라서 교사는 학습이 일어나는 상황에 좀 더 세심하게 주의를 기울일 필요가 있으며, 사회적 변화에 민감해야 하고, 학습결과에 영향을 미칠 수 있는 예측할 수 없는 요인들을 좀 더 세심하게 고려해야 한다. 이 교육과정에서는 교사의 민감성, 융통성, 창의성 등이 요구된다.

CHAPTER 02

유아교육과정의 철학적 기초

01 플라톤

02 코메니우스

03 루소

04 페스탈로치

05 프뢰벨

06 듀이

07 몬테소리

유아교육사상가들의 철학은 과거의 유아교육을 이해하고 현재의 유아교육과 교육과정의 토대가 되며, 미래 유아교육의 방향에 대한 통찰을 얻는 데 도움이 된다. 유아교육과정의 철학적 기초는 고대, 중세, 근대에 이르는 시대의 흐름 속에서 형성되었고, 현대 유아교육과정과 유아교육사상에 여전히 영향을 주고 있다.

오늘날 유아교육과정의 철학적 기초에 영향을 준 유아교육사상가들을 살펴보면 다음과 같다(김미경 외, 2018; 방인옥 외, 2008; 이상욱 외, 2009).

1. 플라톤(Platon, B.C. 427~347)

1) 배경

고대 교육사상가 플라톤은 그리스 아테네의 귀족 가문에서 태어났다. 그는 군인이었으나 소크라테스를 만나 철학자가 되었으며, 대학의 시초가 되는 아카데미아 학원을 설립하고 80세로 세상을 떠날 때까지 저술과 제자 양성에 힘썼다.

2) 교육철학 및 교육원리

플라톤은 절제, 용기, 지성, 정의의 덕이 지배하는 이상사회 실현을 위해 교육이 필요하다고 주장하였다. 플라톤은 인간은 육체와 영혼이 결합되어 있으며, 영혼은 이성, 용기, 본능의 세 가지 층으로 구성되어 있다고 하였다. 그는 인간의 본성은 선함, 아름다움, 유능함으로 가득 차 있으며, 인간은 인간적 본성을 연마하여 자신과 자신의 세계를 완성할 잠재력을 가지고 있다고 보았다. 교육의 목적은 인간을 계몽하여 진선미의 절대적 가치를 추구하고 이데아세계를 발견하는 민주시민을 육성하는 것이라고 하였다.

3) 교육방법

플라톤은 인간은 서로 다른 능력을 가지고 태어나므로 개인의 타고난 본성과 이성적인 본성이 조화를 이룰 수 있는 적합한 교육을 받아야 한다고 하였다. 유아기 교육은 자연스러운 놀이를 통해 생활 속에서 이루어져야 하며, 자신의 적성을 찾기 위한 기초적인 단계임을 강조하였다. 플라톤의 사상은 인간의 본성적으로 타고난 특성과 개별성을 인정하면서 발달과 교육에 대한 최초의 철학적 토대가 되었다.

2. 코메니우스(John Amos Comenius, 1592~1670)

1) 배경

모라비아(지금의 체코)의 니브니츠에서 태어난 그는 24세에 모국에서 모라비아 형제교단의 목사직을 맡아 일하게 되었다. 모라비아 형제교단의 목사로서 그는 감각적 실학주의자, 근대교육의 아버지라고 불리며, 유아교육사상의 기초를 확립하는 데 이바지하였다. 그는 교육원리서 『대교수학』(1632), 생후 6년 동안의 가정교육서 『유아학교』(1630), 라틴어 공부의 입문서 『어학입문』(1631), 세계의 기본적인 모든 사물과 인간의 기본적인 활동에 관한 단어목록을 그림으로 볼 수 있는 책 『세계도회』(1658) 등을 저술하여 근세의 독보적이고 실제적인 교육이론과 교수방법을 체계적으로 정립하였으며, 범교육, 감각교육 등을 주장하여 교육철학과 교수방법의 새로운 지평을 열었다.

2) 교육철학 및 교육원리

코메니우스의 교육철학은 기독교적 세계관에 기초를 두고 있다. 그는 성서를 근거로 인간을 지성적 · 도덕적 · 신앙적 존재로 보았다. 그는 세상에 태어난 모든 사람은 모두 평등하게 교육받아야 한다는 범교육을 주장하였다. 이는 하나님의 형상으로 태어난 모든 사람들이 하나님께서 창조하신 모든 것을 자연의 원리에 따른 방법으로 교육받아야 한다는 것을 의미한다.

3) 교육방법

코메니우스는 그의 저서 『대교수학』(1632)에서 체계적인 발달단계를 제시하고 각 시기에 적합한 교수방법을 개발하고자 하였다. 그는 인간의 일생 중 교육에 바쳐야 할 기간을 각각 6년간 4단계[유아기를 위한 어머니무릎학교(0~6세), 아동기를 위한 모국어학교(6~12세), 소년기를 위한 라틴어학교(12~18세), 청년기를 위한 대학(18~24세)]로 구분하고, 이에 적합한 교육기관을 설립할 것을 주장하였다. 이 중 유아기교육에 해당하는 어머니무릎학교를 유아의 감각 훈련과 삶에 필요한 기본 지식을 얻을 수 있는 기초교육으로서 강조하였다.

또한, 교육자로서 코메니우스는 인간의 본성을 선한 것으로 보고 자연의 순서에 따르는 교육을 강조하였다. 즉, 교육은 '학습자의 천성'을 고려할 때만 효과가 있으며, 수업은 학습자에게 맞춰야지 학습자를 수업에 맞추려고 해서는 안 된다는 학습자중심의 교육을 강조하였다. 그는 학습자중심의 교육을 위해 면밀한 관찰과 분석에 힘을 기울이고 새로운 교수방법을 개발하고자 하였다. 예를 들어, 그의 저서 『세계도회』(1658)에서 유아의 발달수준을 고려하여 인문 지리에 대한 내용을 흥미롭게 할 수 있도록 그림과 글을 함께 사용하였다. 또한, 교수방법의 실행에 있어 감각교육 및 실물교육을 강조하였다.

3. 루소(Jean Jacques Rousseau, 1712~1778)

1) 배경

루소는 스위스 제네바에서 태어났다. 출생하자마자 어머니를 여의고 10살 때까지 아버지와 생활하다가 아버지가 돌아가시자 제네바를 떠나 여러 직업을 전전하였다. 25세부터 문학과 학문연구에 몰두하여 많은 작가들과 친교를 맺었다. 당시 사회에 대한 비판의식을 갖게 되어 관련 논문인 「인간 불평등 기원론」(1755)을 기고하고 『사회계약론』(1762)과 『에밀』(1759)을 출간하였다.

2) 교육철학 및 교육원리

루소는 그의 저서 『에밀』(1759)을 통해 자연주의 교육사상을 주장하였다. 루소는 유아를 자연적 발달을 이루는 내적인 힘, 즉 성장하려는 힘을 가진 존재로 보고 이러한 과정을 돕는 것을 교육이라고 하였다. 그가 말하는 '자연교육'은 '어린이가 원래 가지고 있는 본성의 발달'을 의미한다. 그러므로 "교육자는 먼저 어린이를 연구하고, 인간의 성향과 기질로 표현되는 인간다운 점, 성별 차이, 연령별 차이, 개인별 차이를 고려하여 지도해야 한다."라고 하였다.

3) 교육방법

루소는 교육은 태어날 때부터 유아의 신체적 활동으로 생기는 신체적 · 사회적 반응으로 시작된다고 하였다. 따라서 최초 2년 동안의 교육은 먹고, 말하고, 걷는 것 등의 초보적 기술을 습득하기 위해 무의식적 모방과 유아 자신의 노력 이상외에 다른 것은 필요하지 않다고 하였다.

또한, 열두 살까지의 교육은 주로 소극적인 성격을 띤 것이어야 한다고 주장하였다. 이 시기 유아에게 적합한 적극적 교육이 있다면 오직 신체적 활동을 통한 마음의 훈련이라고 하였다. 그중에서도 감각훈련이 중요하며, 이는 놀이를 통해 저절로 이루어지도록 하며, 유아 자신의 열의 외에는 어떤 강제도 있어서는 안 된다고 주장하였다.

루소는 저서 『에밀』(1759)을 통해 유아의 본성을 고려하는 교육, 즉 아동중심교육 사상의 기초를 수립하였다. 또한, 자연에 순응하는 교육, 경험과 감각을 통한 학습, 개성 존중, 생활중심교육 등을 강조하여 교육을 개선하는 데 큰 영향을 미쳤다.

4. 페스탈로치(Johann Heinrich Pestalozzi, 1746~1821)

1) 배경

페스탈로치는 스위스의 취리히에서 의사의 아들로 태어났다. 다섯 살 때 아버지를 여의고 어머니 밑에서 자랐다. 취리히 대학에서 법률을 공부하다가 사회운동에 적극적으로 가담하여 학업을 중단하고 농촌에서 빈민아동, 장애아, 고아들을 모아 교육에 헌신하였다. 페스탈로치는 교육을 통해 사회의 재건을 이루고자 고아원과 빈민학교 등에서 일생을 바친 교육실천가이다.

2) 교육철학 및 교육원리

페스탈로치는 교육이란, 지식 · 기능을 밖에서 주입하는 것이 아니라 안에 지니고 있는 내면적 힘과 소질을 스스로 계발하고 발전시키도록 돕는 행위라고 하면서 교육의 목적을 지적 · 신체적 · 도덕적인 내적 능력을 이끌어 내어 인간성을 계발하는 것으로 보았다(김미경 외, 2018).

페스탈로치는 교육의 원리를 크게 다섯 가지로 보았다.

첫째, 자발성의 원리는 인간 본연의 성장은 인간 내부에서 스스로 발전하는 것으로 보는 원리이다.

둘째, 직관의 원리는 구체적 사물을 접하고 실제 일을 행함으로써 교육의 효과를 거둘 수 있다고 보는 원리이다.

셋째, 조화의 원리는 도덕성을 바탕으로 지적 능력, 기능적 능력이 조화로운 발전을 이루어야 한다는 원리이다. 페스탈로치는 3H(지(Head), 덕(Heart), 체(Heart)의 발달이 인간교육의 핵심이라고 하였다.

넷째, 방법의 원리는 교육은 단계를 거쳐야 하고 자기발전은 일정한 단계를 거쳐 이루어진다고 보는 원리이다.

다섯째, 사회의 원리는 개인의 발전은 사회를 통해 이루어지고 사회의 개선은 개인의 향상에 영향을 미친다는 원리이다.

3) 교육방법

페스탈로치는 교육원리를 실현하기 위해 다음과 같이 교육방법을 제시하였다.

첫째, 자연의 방법에 따라 교육이 행해져야 한다.

둘째, 관찰 및 감각적 직관이 학습지도의 기초가 되어야 한다.

셋째, 학습은 가까운 것에서 먼 것, 단순한 것에서 복잡한 것으로 점진적인 단계로 진행되어야 한다.

넷째, 언어는 실물과 내용이 결부되도록 한다.

다섯째, 교사는 어린이의 개성을 존중하며, 훈육은 애정에 의해 실시되어야 한다.

5. 프뢰벨(Friedrich Wilhelm August Fröbel, 1782~1852)

1) 배경

유치원의 창시자이자 유아교육의 아버지로 알려진 프뢰벨은 독일 튀링겐의 오베르바이스바흐에서 목사의 아들로 태어났다. 생후 얼마 되지 않아 어머니를 여의고 외롭고 불우한 어린 시절을 보냈다. 16살부터 2년간 산림기사의 도제로 일했고, 1799년 예나대학에 입학하여 자연과학과 철학 강의를 들었다. 프뢰벨은 프랑크푸르트의 페스탈로치학교에서 가르치다가 괴팅겐대학과 베를린대학에서 언어, 광물학 등을 공부하였다. 1816년 자신의 교육이론을 실천하기 위해 그리스 하임에 4~6세 유아를 위한 '일반독일교육소'를 세웠고 이듬해 카일하우로 옮겼다. 1826년 그는 자신의 교육사상을 담은 『인간의 교육』(1826)을 발간하였다.

그는 '은물'과 '작업'을 고안하여 유아를 체계적으로 교육했고 유아교사를 양성하기 위해 '유아교육지도자 강습소'를 개설하고 강습생의 실습을 위해 '유희 및 작업

교육소'를 세웠다. 1840년에 이 교육소를 '어린이의 정원'이라는 의미를 가진 '유치원(kindergarten)'으로 개칭하여 오늘날 유아교육기관의 명칭으로 불리게 되었다. 그 후 그는 유치원교육의 원리와 방법을 정립하고 널리 보급하는 데 힘썼고, 가정용 도서인 『어머니와 사랑의 노래』(1844)를 발간하였다.

페스탈로치, 피히테 등의 영향을 받은 프뢰벨은 유치원을 창설하고, 은물, 작업, 놀이, 노래와 게임 등 유아교육의 내용을 체계화하여 오늘날 유아교육에 지대한 영향을 미쳤다.

2) 교육철학 및 교육원리

프뢰벨은 교육의 목적을 '어린이의 자연성'을 계발하는 것으로 보았다. 그의 저서 『인간의 교육』(1826)에서 제시한 교육원리를 살펴보면 다음과 같다.

첫째, 통일의 원리는 신을 중심으로 인간, 자연이 통합되어야 한다고 보는 원리로 프뢰벨은 교육의 모든 것은 신성에서 출발하고 신성의 개념 속에서 신, 인간, 자연이 하나 되는 통일을 강조하였다.

둘째, 자기활동의 원리는 유아의 자기활동을 신성의 표현으로 보는 원리로, 프뢰벨은 유아의 내적 필요성과 충동에서 기인한 내부의 자기활동적 표상인 놀이를 강조하였다.

셋째, 계속성의 원리는 교육은 계속적인 단계에 따라 진행하여야 한다는 원리로, 프뢰벨은 유아의 연령별로 점차 복잡해지는 게임과 작업을 유치원교육의 핵심 내용으로 보았다.

3) 교육방법

프뢰벨은 종교, 자연, 수학, 언어, 예술을 교육내용으로 하고, 은물과 작업활동, 노래와 게임, 정원활동 등을 통해 유아 내부의 것을 밖으로 끌어내려는 교육방법을 사용하였다.

은물(gabe)은 유아의 자발적이고 창조적인 활동을 위한 체계적인 교구로서 단순한 것과 복잡한 것, 부분과 전체, 다양성과 통일의 원리를 포함하고 있다. 프뢰벨은 유아가 가지고 노는 동안 미의 형식, 지의 형식, 삶의 형식을 깨달을 수 있도록 10가지 은물을 고안하였다. 은물은 여러 가지 털실을 입힌 제1은물, 나무로 만든 공, 원기둥, 정육면체인 제2은물, 적목들로 구성된 제3은물~제6은물, 색판인 제7은물, 막대인 제8은물, 고리인 제9은물, 알갱이인 제10은물로 구성되어 있다. 또한, 작업활동으로는 종이접기, 오리기, 만들기, 점토로 빚기 등이 있다.

6. 듀이(John Dewey, 1859~1952)

1) 배경

진보주의교육사상가인 듀이는 미국 버몬트주 벌링톤 중류 가정의 네 아들 중 셋째로 태어났다. 15세에 고등학교를 졸업하고 버몬트주립대학을 졸업하고 중등학교 교사를 하다가 존스홉킨스대학원에서 박사학위를 취득하였다.

듀이는 1894년 시카고 대학교의 철학, 심리, 교육학과 교수로 임명되었고 여기서 그는 교육학과 부속학교로서 '실험학교'를 창설하고 운영하였다. 또한, 『나의 교육신조』(1897), 『학교와 사회』(1899) 등을 집필하였다.

1904년 콜롬비아대학교 철학과 과장으로 옮긴 듀이는 『학교와 어린이』(1907), 『사고하는 방법』(1910), 『민주주의와 교육』(1916) 등 많은 논문과 저서를 집필하였다.

2) 교육철학 및 교육원리

듀이는 유아를 능력 있는 존재, 활동적인 존재, 환경과 능동적으로 상호작용하는 존재로 보았다. 또한, 교육은 '생활, 성장, 경험의 계속적인 재구성'과 '사회화의 과정'이라고 보았다. 이러한 교육의 토대가 되는 듀이의 교육원리는 다음과 같다.

첫째, 상호작용의 원리는 환경과 개인은 계속적으로 상호작용하며, 그 상호작용으로 얻은 결과가 경험이라고 보는 원리이다.

둘째, 계속성의 원리는 모든 경험은 이전경험에서 영향을 받으며, 그 이후에 하게 되는 경험의 질에 영향을 미친다고 보는 원리이다.

셋째, 변화의 원리는 지식은 절대적인 것이 아니라 경험에 의해 변화한다는 원리이다.

3) 교육방법

듀이는 교육방법에 있어 다음과 같은 점을 고려하여야 한다고 주장하였다.

첫째, 유아의 본성에 따라야 한다.
둘째, 유아의 흥미를 존중하여야 한다.
셋째, 일상생활과 관련이 있어야 한다.
넷째, 교육목적, 교육내용, 교육방법은 분리될 수 없다.
다섯째, 개별화 방법을 고려하여야 한다.
여섯째, 자발적 자기표현에 의해야 한다.

듀이는 유아교육은 유아의 흥미와 목적과 밀접한 관계를 맺고 일상생활과 관련이 있어야 한다고 주장하였다. 이에 따라 그가 실험학교에서 운영한 교육과정은 가정 및 지역사회 생활과 사회적 발달에 대한 것으로 빵집, 목수, 소방관 등의 생활을 현장견학이나 놀이를 통한 경험하도록 하는 것과 정원 가꾸기, 요리하기, 재봉, 목공 등이 에에 속한다.

7. 몬테소리(Maria Montessori, 1870~1952)

1) 배경

몬테소리는 1870년 이탈리아 카라발레에서 태어났다. 몬테소리는 이탈리아 최초의 여의사로서 당시에는 여학생의 의과대학 입학이 허락되지 않아 이탈리아의 왕과 교황에게 직접 탄원서를 제출하고 로마대학 의학부에 입학허가를 받았다. 1896년 우수한 성적으로 의과대학을 졸업하여 이탈리아 최초의 여의사이자 여성 의학박사가 되었다. 로마대학병원 정신과에서 근무하면서 정신지체아의 교육에 관심을 가지고 그들의 교육을 위한 교구와 교육방법을 고안하였다.

1907년 산 로렌조 지방에 있는 어린이집(Casa Dei Bambini)에서 몬테소리는 몬테소리교구와 몬테소리교육방법으로 정상아들을 교육하였다. 몬테소리는 자신의 교육사상과 교육경험을 바탕으로 『어린이집에 적용한 과학적 교육방법: 몬테소리 방법』(1909), 『진보된 몬테소리 방법 I, II』(1917, 1918) 등을 출간하였다. 또한, 교사양성 강좌를 개설하고 국제몬테소리협회를 조직하여 활동하였다.

2) 교육철학 및 교육원리

몬테소리는 유아를 자기 스스로 발달해 나갈 수 있는 능력을 가진 존재로서 스스로 자신의 능력을 전개해 나간다고 보았다. 또한, 몬테소리는 성인은 개별적인 인격체로서 유아를 존중해야 하며, 유아는 발달단계에 따라 성장속도에 차이가 있으므로 유아의 발달단계에 따른 개별교육을 실시해야 한다고 보았다.

몬테소리는 유아가 발달과정에서 거치는 동안 특정 행동과 기술을 더욱 쉽게 습득할 수 있는 최적의 시기인 '민감기'가 있다고 보았다. 이때 유아는 환경으로부터 무엇인가를 빨아들이는 정신능력인 '흡수정신'을 사용하여 독립적이면서 능동적인 성향인 '자율성'을 가지고 각 단계마다 독특하게 발달한다고 주장하였다.

3) 교육방법

몬테소리는 '준비된 환경'을 강조하였는데 '준비된 환경'이란 유아 스스로 자신의 발달속도와 흥미에 따라 적합한 교구와 자료를 선택하고 자율적인 학습이 이루어지도록 돕는 물리적 환경과 고안된 교구를 의미한다. 여기서 '준비된 환경'을 위해 고안된 교구가 바로 몬테소리교구이다. 몬테소리교구에는 일상생활훈련, 감각교육, 언어교육, 수학교육, 문화교육 등을 위해 고안된 교구들이 있다.

몬테소리교육법은 유아가 자신이 선택한 교구와 상호작용하면서 여러 차례 시행착오를 통해 스스로 잘못을 수정하여 자연스럽게 학습이 이루어진다고 보는 '자동교육'으로 진행된다.

CHAPTER 03

유아교육과정의 심리학적 기초

01 성숙주의이론
02 행동주의이론
03 정신분석이론
04 인본주의이론
05 구성주의이론
06 다중지능이론
07 생태체계이론

인간의 발달은 '인간이 수정에서 죽음에 이르기까지 전 생애 동안 이루어지는 계속적이고 진보적인 모든 변화'를 의미한다. 이러한 변화는 신체적 · 심리적 측면에서 일어나는 양적이면서 질적인 변화, 경험과 학습을 통해 얻게 되는 모든 변화를 포함한다.

1900년대 이후 인간의 발달 및 심리에 대한 연구들이 주를 이루면서 이러한 연구의 결과로 오늘날 다양한 교육프로그램과 교수-학습방법의 개발에 영향을 미치게 되었다. 이에 영향을 준 대표적인 발달심리이론을 살펴보면 다음과 같다(김미경 외, 2018; 방인옥 외, 2008).

1. 성숙주의이론

성숙주의이론은 유아의 발달은 이미 순서적으로 결정되어 있다는 관점으로, 인간발달에 있어 환경적 요인보다는 유전적 요인을 강조하며 개인의 내적 성숙을 중시하는 이론이다. 성숙주의이론은 오늘날 유아의 흥미와 욕구를 고려해야 한다는 '유아중심교육'과 유아의 현재 능력에 적합한 경험을 제공해야 한다는 '발달에 적합한 교육'에 영향을 미쳤다. 대표적인 성숙주의이론가들을 살펴보면 다음과 같다.

1) 홀(G. Stanley Hall, 1844~1924)

'아동연구운동의 아버지'라 불리는 홀은 자신의 실험심리학적 지식을 유아발달연구와 교육원리에 적용하였다. 홀은 질문지법, 관찰법 등을 발전시켜 유아발달연구에 이바지하였고 교육에 유아기의 특성을 반영하여야 한다는 유아중심교육의 기초를 마련하였다.

2) 게젤(Arnold Gesell, 1880~1961)

게젤은 홀의 제자로 성숙주의이론을 확장시켰다. 게젤은 유전자가 발달과정의 순서와 방향을 결정짓는 기제를 '성숙(maturation)'이라고 하였고, 아동발달에 태생학적 모형을 적용시켰다. '태생학적 모형(embryological model)'은 태아가 어머니의 태내에서 하나의 개체로 자리 잡고, 10개월간 성장해 나가는 과정을 하나의 이론적 모형으로 설명한 것이다. 그는 태아의 성장을 한 개체가 성립할 당시 '내적인 힘(inner power)'에 의해 저절로 이루어진다는 '순서적 개화(sequential unfolding)'의 개념으로 보았고, 유아의 발달 또한 타고난 내적인 힘과 예정된 계획에 따라 변화되어 가는 과정으로 설명하였다.

소아과의사인 게젤은 예일대학 아동발달클리닉에서 40년 동안 아동발달을 체계적으로 연구하면서 아동성장 및 발달에 대한 기초적인 자료를 수집하였다. 그는 이를 토대로 표준행동목록을 제시하였다. 표준행동목록은 유아의 신체적 · 사회적 · 지적 · 언어적 행동을 세심히 관찰하여 표준이 되는 행동을 연령별로 제시한 것으로 개인차보다는 유전을 강조한 유아의 고정된 발달을 강조한다는 비판을 받기도 하였다.

성숙주의이론은 유아의 내적 성장에 대한 시간표를 제시하고, 유아의 학습준비도의 중요성, 유아발달에 대한 교사의 세심한 관찰을 강조하였고, 오늘날 유아중심교육과 발달에 적합한 실제의 기초를 마련하였다. 반면, 유아의 발달잠재력이 저평가되거나 학습과 환경에 대한 유아의 능동적 역할이 배제될 수 있다는 한계가 있다.

2. 행동주의이론

행동주의이론은 발달에 가장 큰 영향을 미치는 요인을 '환경'이라고 보는 관점이다. 행동주의이론에서는 발달을 외부환경에 의해 형성되는 행동 및 심리적 특성의 과정으로 설명한다. 대표적인 행동주의이론가들을 살펴보면 다음과 같다.

1) 파블로프(Ivan. P. Pavlov, 1849~1936)

러시아의 생리학자 파블로프는 1904년 소화계통에 대한 연구로 노벨상을 수상하였다. 개의 소화과정을 연구하던 파블로프는 음식물이라는 무조건 자극과 함께 종소리라는 중성자극을 주었더니 일정 시간이 지난 후 종소리만 들려주어도 개가 침을 흘린다는 사실을 발견하게 되었다.

파블로프는 종소리와 같은 중성자극을 음식물과 같은 무조건자극과 반복적으로 연합시키면 개는 음식물이 주어지지 않고 종소리만 들어도 침을 흘리는 반응을 하게 되는 과정을 조건형성(conditioning)이라고 하였다. 파블로프의 조건형성연구는 유기체에 주어지는 자극이 행동을 통제한다는 행동주의이론을 확립하는 데 영향을 주었다.

2) 스키너(Burrhus Frederic Skinner, 1904~1990)

스키너는 미국의 행동주의 심리학자로서 하버드대학교에서 심리학과 교수를 역임하였다. 그는 '스키너상자'라는 장치를 만들어 조작적 조건형성(operant conditioning) 실험을 하였다. 이 실험은 연구자가 바라는 행동을 할 때 보상을 주는 것이다. 예를 들어, 쥐나 비둘기를 상자 속에 넣어 두고 쥐가 상자 속의 지렛대를 누르거나 비둘기가 주둥이로 원반을 쪼면 먹이가 굴러 나오도록 하는 것이다. 처음에는 우연이었지만 이러한 상황이 반복되면서 쥐나 비둘기는 자신의 행동으로 인해 먹이를 습득하게 된다는 것을 학습하게 된다. 학습한 쥐나 비둘기는 지렛대를 누르는 행동을 반복하게 되는데 이러한 과정을 조작적 조건형성이라고 한다.

조작적 조건형성에는 강화(reinforcemaent)와 벌(purnishment)의 개념이 중요하다. 강화는 특정반응 및 행동이 나타나는 빈도를 증가시키는 것으로 정적 강화와 부적 강화가 있다. 정적 강화는 바람직한 행동의 증가를 목적으로 쾌자극을 제공하여 바람직한 행동이 계속 일어나도록 하는 것이다. 쾌자극에는 관심, 격려, 칭찬, 물질적 보상이 있다. 부적 강화는 바람직한 행동을 강화하기 위해 혐오자극을 제거하는 것이다. 바람직한 행동을 하고 나면 싫어하는 대상이나 자극이 제거되므로 그 행동을 다시 할 확률이 증가하는 것이다.

벌은 바람직하지 못한 행동을 감소시키고자 하는 목적으로 부적 자극을 제공하거나 긍정적 자극을 빼앗는 것이다. 벌에는 수여성 벌과 박탈성 벌이 있다. 수여성 벌은 부적 자극이 주어지는 것으로 꾸중, 욕설, 비난, 처벌 등이 제공되는 것을 의미한다. 박탈성 벌은 TV 시청 금지, 놀이상황에서의 타임아웃이 이에 해당한다.

조작적 조건형성에서의 강화와 벌의 유형

유형	목적	종류	자극
강화	바람직한 행동의 증가	정적 강화	쾌자극 제공
		부적 강화	혐오자극 제거
벌	바람직하지 못한 행동의 감소	수여성 벌	부적 자극 제공
		박탈성 벌	긍정적 자극 제거

강화물은 강화를 하기 위해 주어지는 자극으로 과자, 사탕, 미소, 칭찬, 스티커, 상 등으로 1차 강화물과 2차 강화물이 있다. 1차 강화물은 생리적 욕구를 만족시켜 주는 것으로 과자, 사탕, 고통의 제거 등이 있다. 2차 강화물은 1차 강화물과 결합하여 중립자극이 강화의 특성을 갖게 되는 것으로 토큰강화가 있다.

스키너는 반응에 대해서 즉각적으로 강화가 이루어질 때 반응률이 높다고 하였다. 또한, 강화의 연속성에 따라 연속적 강화와 간헐적 강화가 있다. 바람직한 행동을 증가시키기 위해 처음 강화를 시작할 때는 연속적 강화를 제공하고, 바람직한 행동을 지속시키기 위해 어느 시점부터는 간헐적 강화로 바꿔 줘야 한다고 설명하였다.

행동주의이론은 유아의 학습에 교육과 환경의 중요성을 강조한다. 그러나 학습자의 내적인 사고과정과 동기를 간과했다는 한계가 있다. 또한, 동물을 대상으로 한 실험결과를 인간에게 적용했다는 비판을 받았다.

3. 정신분석이론

정신분석이론은 인간의 성격 · 정서 등 인성발달과정을 설명하는 이론이다. 대표적인 정신분석이론가에는 프로이트와 에릭슨이 있다. 프로이트는 성욕, 공격욕 등 인간의 본능적이고 무의식적인 욕구표출을 강조하였고, 에릭슨은 욕구를 충족시키거나 억압하는 사회적 요인의 역할을 강조하였다. 이런 점에서 프로이트의 이론을 심리성적이론, 에릭슨의 이론을 심리사회적 이론이라고 부른다(방인옥, 2008).

1) 프로이트(Sigmund Freud, 1856~1939)

프로이트는 체코슬로바키아 모라비아에서 태어났으며, 정신분석의 아버지라 불린다. 프로이트는 인간의 성격을 원초아 · 자아 · 초자아의 세 가지 체계로 구성된다고 보았다. 원초아(id)는 본능적인 욕구를 관장하는 체계로서 고통을 최소로 줄이고 쾌락을 최대로 하려는 쾌락의 원리에 지배된다. 자아(ego)는 원초아의 즉각적이고 본능적인 욕구를 지연시키면서 현실세계를 고려하고, 초자아의 요구를 조절하는 통제체계로서 현실의 원리에 지배된다. 초자아(superego)는 옳고 그름을 구별하고, 이러한 정보를 자아에게 전달해 원초아를 계속 감독하도록 하는 통제체계이다.

프로이트는 개인의 일반적인 성적 에너지인 리비도(libido)가 집중되는 신체부위에 따라 심리성적 발달단계를 설명하였다. 그는 입, 항문, 성기의 순으로 성적 에너지가 집중되는 신체부위가 단계적으로 이동한다고 보았고, 이에 따른 발달단계를 구강기, 항문기, 남근기, 잠복기, 생식기로 인간발달을 구분하여 설명하였다.

(1) 구강기(oral stage, 0~1.5세)

입과 입 주변에서 쾌감을 얻는 시기로 주로 빠는 행위를 통해 쾌감을 얻는다. 구강의 욕구가 제대로 충족되지 못하면 고착(fixation)이나 퇴행현상을 보이게 된다. 고착은 특정 발달단계에서 과다한 만족이나 과다한 좌절을 경험했을 때 생기는 현상으로, 특정 단계의 문제행동이나 쾌락에 계속 집착하는 것이다. 예를 들어, 손톱을 반복적으로 물어뜯거나 손가락을 빠는 행위, 과도한 음주나 흡연에 몰입하는 것이 이에 속한다. 퇴행(regression)은 어떤 좌절을 경험할 때 고착지점까지 되돌아가는 것이다. 예를 들어, 유아가 동생이 생기자 갑자기 손가락을 빨거나 오줌을 가리지 못하는 행위를 하는 것이 이에 속한다.

(2) 항문기(anal stage, 1.5~3세)

항문과 항문 주변에서 쾌감을 얻는 시기로, 배설물을 보유하거나 방출하면서 쾌감을 얻는다. 이 단계에서는 주로 배변훈련이 이루어지는데, 지나치게 억압하거나 강박적인 훈련을 하게 되면 매우 인색하거나 결벽증이 있는 항문기 강박적 성격이 되거나 지저분하고 낭비가 심한 항문기 폭발적 성격이 되기도 한다.

(3) 남근기(phallic stage, 3~6세)

성기로부터 쾌감을 얻는 시기로, 성기의 자극을 통해 쾌감을 얻는다. 이 시기에 나타나는 심리적 특성은 남아의 경우 오이디푸스 콤플렉스, 동일시, 거세불안 등이 있고, 여아의 경우 엘렉트라 콤플렉스, 남근선망 등이 있다. 오이디푸스 콤플렉스(Oedipus complex)는 남아가 아버지를 어머니의 애정 쟁탈 경쟁자로 생각하여 적대감을 갖는 것이다. 남아는 우세한 아버지에게 느꼈던 적대 감정을 억압하고 동일시(identification)를 하게 된다. 또한, 자신의 중요 부위인 성기를 없앨 수 있다는 두려움인 거세불안(castration anxiety)을 느끼기도 한다.

엘렉트라 콤플렉스(Electra complex)는 여아가 이성인 아버지에 대해 성적 애착을 갖게 되는 것으로 어머니를 동일시하고 남근을 갖고 싶어 하는 감정인 남근선망(penis envy)을 한다.

(4) 잠복기(latent stage, 6~11세)

성적 본능이 대부분 억압되어 잠복되어 있는 시기이다. 비교적 평온한 상태를 유지하고 자신이 원하는 스포츠 활동이나 지적 활동 등 사회적으로 용인되는 일에 에너지를 쏟는다. 이 시기에는 주로 사회성이 발달하고 일상생활에 적응하기 위한 지식과 기능을 습득하게 된다.

(5) 생식기(genital stage, 11세 이후)

사춘기가 시작되면 성적 에너지가 다시 분출되기 시작하고, 부모로부터 독립하여 자유로워지고 싶어 한다. 남근기에는 자신의 신체에서 쾌감을 찾으려고 하는 자기애(nacissim)적 성향을 보이나, 사춘기가 되면서 이성에게 애착을 보이게 된다. 프로이트는 생식기까지 고착현상을 보이지 않고 원만한 발달을 한 사람은 이타적이고 성숙한 성격의 소유자가 된다고 하였다.

2) 에릭슨(Erik Erikson, 1902~1994)

독일 프랑크푸르트에서 태어난 에릭슨은 프로이트의 이론을 더욱 정교화하고 확장하여 심리사회적 이론으로 발전시켰다. 에릭슨은 프로이트가 나눈 발달단계마다 해결해야 할 발달적 위기가 있다고 보았다. 그는 한 개인이 위기를 어떻게 해결해 나가느냐에 따라 성격이 결정된다고 하면서 인간발달의 단계를 다음과 같이 8단계로 나누어 설명하였다.

(1) 제1단계: 기본적 신뢰감 대 불신감(basic trust vs. mistrust, 0~18개월)

이 시기의 영아는 어머니 또는 양육자와 최초의 사회적 관계를 맺게 된다. 영아는 어머니나 양육자가 영아의 신체적이고 심리적인 욕구와 필요를 잘 충족시키고 일관성 있는 양육을 하면 신뢰감이 형성되고 어머니나 양육자가 일관성 있는 양육을 하지 않거나 거부적인 태도를 보인다면 불신감을 갖게 된다.

에릭슨은 이 시기에 형성된 신뢰감이 이후 사회적 관계의 성공적 적응과 밀접한 관련이 있으므로 이 시기가 인생 중 가장 중요하다고 보았다.

(2) 제2단계: 자율성 대 수치감 · 회의감(autonomy vs. shame & doubt, 18개월~3세)

이 시기의 유아는 다른 사람에게 의존하지 않고 스스로 무엇인가를 하려고 한다. 이 시기 유아들은 배변훈련에서 실수를 하거나 걷기 · 뛰기와 같은 신체적 조절이나 자조기술이 충분히 발달하지 못해 사회적 기대에 적합한 행동을 원활히 수행하지 못한다면 수치감과 회의감을 갖게 된다. 유아들이 자유롭게 탐색하고 스스로 무언가를 수행할 수 있도록 허용하고 격려할 때 자율성이 획득된다.

(3) 제3단계: 주도성 대 죄책감(initiative vs. guilt, 3세~6세)

이 시기의 유아는 어떤 목표나 계획을 세우고 성공하고자 노력한다. 유아는 주도성을 가지고 과제에 도전하고 수행함으로써 다양한 신체 및 언어적 활동을 할 수 있는 능력을 갖게 된다. 이 시기 유아가 스스로 계획하고 탐색할 수 있도록 허용하면 주도성이 증가하지만 자신의 계획 및 탐색이 제지되거나 실패할 경우 죄책감을 가지게 된다.

(4) 4단계: 근면성 대 열등감(industry vs. inferiority, 6~11세)

이 시기의 아동은 인지적 기술과 사회적 기술을 습득하게 된다. 이 시기의 아동은 사회적으로 유용한 기술을 습득하고 숙달하게 되는데 이에 대해 격려를 받거나 성공감을 경험하게 되면 근면성을 갖게 되지만 실수와 실패를 반복하면 부적응감과 열등감을 갖게 된다.

(5) 제5단계: 정체감 대 정체감 혼미(identity vs. identity confusion, 11~18세)

이 시기는 청소년기에 속하는 시기로서 청소년은 급격한 신체변화와 자신의 특성 및 능력을 깨닫게 되며, 자아정체감을 형성하게 된다. 이 시기 청소년은 학업성적이나 진로결정에 압박감을 느끼게 되며, 자기 자신의 의문에 해답을 찾으려 한다. 이때 고민과 방황이 길어지면 정체감 혼미가 나타난다. 청소년은 자신이 소속한 집단에서 여러 가지 역할을 수행하면서 성공하면 정체감이 발달된다.

(6) 제6단계: 친밀감 대 고립감(intimacy vs. isolation, 18~24세)

이 시기는 청년기에 속하는 시기로서 청년기의 성인은 자신의 삶을 함께 나눌 사람을 찾게 된다. 따라서 이들은 친구, 이성, 직장동료들과 친밀한 관계를 맺는다. 그러나 타인과의 관계에서 친밀감을 형성하지 못하면 고립되고, 자기 자신에만 몰두하게 된다.

(7) 제7단계: 생산성 대 침체성(generativity vs. stagnation, 24~54세)

이 시기는 중년기에 속하는 시기로서 중년기의 성인은 가정적으로는 아기를 낳고 키우고 교육시키면서, 사회적으로는 직업적 성취를 얻고, 학문적 또는 예술적 업적을 쌓으면서 생산성을 발휘하게 된다. 생산성을 발휘하지 못하거나 안 하게 되면 침체성이나 흥미상실이 나타나게 된다.

(8) 제8단계: 자아통합 및 절망(integrity vs. despair, 54세~사망)

이 시기는 노년기에 속하는 시기로서 노년기의 성인은 자신의 삶을 돌아보게 된다. 자신이 살아온 생애를 의미 있고 가치 있는 것으로 받아들이게 되면 자아통합감을 느끼게 된다. 반면, 자신이 살아온 생애를 후회하고 되돌리기에는 너무 늦었다고 받아들이게 된다면 절망에 빠지게 된다.

4. 인본주의이론

인본주의이론에서는 인간을 자신의 의지로 스스로의 삶을 이끌어 가는 자기실현적 존재로 본다. 이 이론은 개인이 세상을 어떻게 지각하고 해석하느냐에 관심을 가지며, 대표적인 학자로는 매슬로우가 있다.

1) 매슬로우(Abraham Maslow, 1908~1970)

매슬로우는 개인을 자아실현을 위한 주체로서 감정과 사고를 할 수 있는 인격체로 보았다. 인본주의이론은 인간은 타고난 잠재력을 실현하고자 강한 욕구를 가지고 있으며, 이 욕구가 동기화되어 개체의 발달을 가능하게 한다는 것으로 일명 '동기이론'으로 불린다. 또한, 인간의 욕구는 위계적인 순서에 따라 진행되어 나간다. 즉, 가장 기본적인 욕구가 충족되면 그다음의 욕구가 생기고, 그 욕구가 충족되면 다시 그다음 욕구를 추구하여 나간다는 것이다. 따라서 '욕구위계이론'이라고도 부른다.

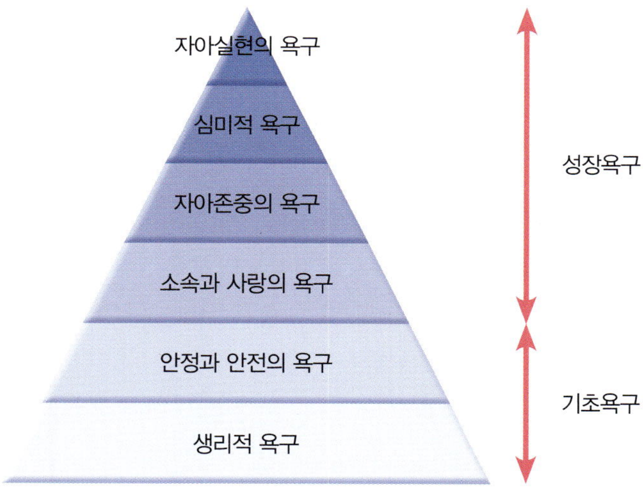

매슬로우의 욕구위계

매슬로우의 욕구위계이론은 크게 기초욕구와 성장욕구로 구분된다. 기초욕구에는 생리적 욕구, 안정과 안전의 욕구가 있다. 기초욕구는 긴장을 해소하고 평형을 이루려는 욕구로서, 일단 충족되면 안도감과 포만감이 생긴다. 성장욕구에는 소속과 사랑의 욕구, 자아존중의 욕구, 심미적 욕구, 자아실현의 욕구가 있다. 성장욕구는 긴장의 즐거움을 지속시키길 원하며 충족되더라도 보다 더 많은 욕구를 성취하고자 한다.

(1) 생리적 욕구(physiological needs)

생리적 욕구는 인간의 욕구 중 가장 기본적이고 강한 욕구로서 생물학적 생존의 욕구이다. 공기, 물, 의 · 식 · 주, 성, 수면, 배설, 날씨로부터의 보호 등과 같이 가장 기초적인 욕구이다. 이러한 욕구가 만족되어야 다른 동기로 이동할 수 있다.

(2) 안정과 안전의 욕구(safety & security needs)

생리적 욕구가 만족되면 개인은 새로운 안정과 안전의 욕구에 관심을 갖게 된다. 안정과 안전의 욕구는 개인이 환경 안에서 확실성과 예측성을 보장받고자 하는 욕구로서, 전쟁, 범죄, 홍수, 지진, 폭동, 조직의 해체와 같은 실제적 상황에 직면했을 때 구조, 안전, 보호, 질서, 고통의 회피, 정신적 안정감 등을 얻고자 하는 욕구이다.

(3) 소속과 사랑의 욕구(belongingness & love needs)

소속과 사랑의 욕구는 애정, 연민, 우정 등을 추구하는 욕구이다. 소속의 욕구는 남과 어울리고 집단에 소속되고 소속된 집단으로부터 인정받고 싶어 하는 욕구이다. 사랑의 욕구는 사랑을 받는 것뿐만 아니라 주는 것이 포함된다. 사랑을 받고 수용함으로써 자기 자신을 가치 있는 존재로 생각하게 되지만 사랑을 받지 못하면 공허감, 무가치감, 적대감을 가지게 된다.

(4) 자아존중의 욕구(self-esteem needs)

자아존중의 욕구는 자기를 존중하고 타인으로부터 인정받고자 하는 욕구이다. 자아존중의 욕구가 충족되면 자신감, 힘, 능력, 자신에 대한 존재가치 등을 느껴 새로운 일에 도전하고 해결할 수 있게 된다. 반면, 자아존중의 욕구가 충족되지 못하면 좌절감, 열등의식, 무력감, 자기비하를 초래한다.

(5) 심미적 욕구(aesthetic needs)

심미적 욕구는 진실을 추구하고 아름다움을 즐기고자 하는 진 · 선 · 미에 대한 욕구이다. 음악, 미술, 무용, 문학 등의 매체를 통해 인생의 기쁨과 경이로움을 표현하고 예술적 만족감을 얻게 된다. 또한, 심미적인 능력과 표현력이 향상된다.

(6) 자아실현의 욕구(needs for self-actualization)

자아실현의 욕구는 자기발전을 위해 본인이 원하는 것을 성취하고자 하는 욕구이며, 자기완성에 대한 갈망을 의미한다. 이를 위해 개인은 자신의 능력, 재능, 잠재력을 충분히 발휘하고자 한다.

5. 구성주의이론

구성주의이론은 유아를 유능하고 능동적인 존재로 보며, 유아는 환경과의 끊임없는 상호작용을 통해 스스로 지식을 구성해 나간다고 보는 이론이다.

구성주의이론은 크게 인지적 구성주의와 사회적 구성주의가 있다. 인지적 구성주의는 구체적 사물을 조작하고 탐색함으로써 얻은 개별적이고 실제적인 경험을 통해 유아 스스로 지식을 구성한다고 보는 이론으로 대표적인 학자로는 피아제가 있다. 사회적 구성주의는 또래나 성인과의 사회적 상호작용을 통해 개인의 지적 성장이 이루어진다는 이론으로서 대표적인 학자로는 비고츠키가 있다.

1) 피아제(Jean Piaget, 1896~1980)

스위스의 심리학자인 피아제는 발달은 내적 성숙이나 외적 교육에 의해 이루어지는 것이 아니라, 유아가 능동적인 행동을 통해 새로운 인지구조를 만들어 가는 구성과정으로 보았다. 유아가 발달을 위해 환경과의 상호작용을 하지만 새로운 인지구조를 형성하는 것은 바로 유아 자신이라는 것이다.

피아제는 인지발달을 끊임없는 환경과의 상호작용을 통해 이루어지는 생물학적 적응의 한 형태로 보았다. 적응(adaptation)은 동화와 조절의 하위과정이 있다. 동화(assimilation)는 기존의 인지구조를 바탕으로 새로운 대상을 받아들이는 과정이다. 조절(accommodation)은 기존의 인지구조로 새로운 대상을 받아들일 수 없는 경우 기존의 인지구조를 수정 · 변형하여 새로운 인지구조를 성립하는 것이다. 동화와 조절의 과정은 함께 일어나며, 인지과정의 불균형을 초래하지 않게 균형을 이루려는 경향이 있다. 이를 평형화(equilibrium)라고 한다. 이러한 과정을 통해 지식은 체계화되는데 이를 구조(structure)라고 한다. 구조는 처음에는 지식의 기본단위인 도식(schema)으로 구성되었다가 이후 점점 더 복잡한 조직을 이루게 된다.

피아제는 인지발달 단계를 크게 감각운동기, 전조작기, 구체적 조작기, 형식적 조작기의 4단계로 보았다. 각 단계의 특성을 살펴보면 다음과 같다.

(1) 감각운동기(sensory-motor period, 0~2세)

감각운동기는 유아가 자신의 감각과 운동반사를 통해 세계에 대한 개념을 형성한다고 보는 단계이다. 유아는 그들의 감각기관을 통해 사건과 사물을 탐색하며, 단순한 반사행동에서 점차 목적을 가진 행동으로 발전시켜 나간다. 예를 들어, 처음에는 타고난 감각과 단순한 반사행동을 통해 눈을 뜨고 감으며, 입으로 빨고 손으로 잡는 행동을 하다가 목적을 가지고 감추어진 장난감을 찾고, 물건을 상자 안에 넣거나 꺼낼 수도 있는 능력이 생기게 된다.

이 시기 대표적인 사고의 특성은 '대상영속성'의 개념이다. 대상영속성(object performance)이란, 물체가 시야에서 사라진 다음에도 그 대상이 존재한다는 것을 믿는 것이다. 2세 이전의 영아는 물체가 시야에서 사라지면 흥미를 잃고 대상을 찾을 생각을 하지 않거나 시야에서 사라진 대상이 존재한다는 사실을 이해하지 못한다. 약 2세경이 되면 대상영속성의 개념을 지니게 되어 어떤 물건이 시야에서 사라져도 여전히 존재한다는 것을 알게 된다.

(2) 전조작기(preoperational period, 2~7세)

전조작기 유아는 표상적 사고를 하기 시작한다. 표상적 사고(representational thought)는 실제로 어떤 실체가 없어도 마음속에 어떤 사물의 모습을 떠올릴 수 있는 사고를 의미한다. 유아는 사물을 표상하기 위해 상징을 사용하기 시작하며, 가상놀이가 가능하게 된다.

이 시기 대표적인 사고로는 자기중심성과 직관적 사고가 있다. 자기중심성(egocentrism)은 모든 것을 자신의 관점에서 생각하는 것이다. 다른 사람의 시각에서 보는 조망을 추론해 낼 수 있는 조망수용능력은 전조작기가 끝날 무렵에 생긴다. 직관적 사고(intuitive thinking)는 대상의 특징을 가장 두드러진 한 가지 지각적 속성에 의해 판단하는 사고이다. 따라서 이 시기 유아는 보존개념, 가역성, 유목화, 유목포함 등의 개념에 대한 이해가 부족하다.

- **보존개념(conservation)**: 어떤 대상 또는 사물의 외양이 바뀌어도 물체의 속성이나 실체는 변하지 않는다는 것을 이해하는 능력
- **가역성(reversibility)**: 변화의 과정을 거친 물체나 물질이 과정을 되돌리면 원래의 상태로 돌아갈 수 있다는 것을 이해하는 능력
- **유목화(classification)**: 사물이 가진 공통된 특성에 따라 범주화하여 분류할 수 있는 능력
- **유목포함(class-inclusion)**: 여러 개의 하위유목들이 하나의 상위유목에 포함된다는 것을 이해하는 능력

(3) 구체적 조작기(concrete operational period, 7~11세)

구체적 조작기 아동은 다양한 관점으로 세상을 탐색하고 사물 간의 관계성을 고려하면서 체계적인 사고가 가능해진다. 이 시기 아동은 자기중심성과 직관적 사고에서 벗어나 탈중심화(decentration), 보존개념, 서열화(seriation) 능력, 유목화 능력을 획득하게 된다. 그러나 구체적 사물이나 구체적 행동을 통해서만 체계적 사고가 가능하다.

(4) 형식적 조작기(formal operational period: 11세 이상)

형식적 조작기 아동은 상징적이고 추상적인 수준에서 체계적으로 사고하는 것이 가능해진다. 따라서 이 시기 아동은 가설을 세워 검증해 보거나 어떤 현상이나 사건의 원인에 대해 추론해 볼 수 있는 능력을 갖게 된다. 또한, 조합적인 사고(combinational thinking)가 가능해진다. 조합적 사고는 하나의 문제에 직면했을 때 가능한 모든 해결책을 논리적으로 궁리해봄으로써 궁극적으로 바람직한 문제해결에 이르게 되는 사고를 의미한다.

2) 비고츠키(Lev Semenovich Vygotsky, 1896~1934)

러시아의 심리학자인 비고츠키는 유아의 인지발달은 그들이 속한 환경과의 상호작용을 통해 인지구조가 확장된다고 보았다. 유아가 능동적이고 유능한 존재라고 보는 그의 관점은 피아제와 동일하나 발달에 있어 개별유아의 능동적인 측면을 강조한 피아제와는 달리 비고츠키는 발달에 있어 성인과 또래와의 사회적 상호작용을 강조하였다. 비고츠키는 성인은 언어적이고 사회적인 상호작용의 대상으로서 역사적 · 문화적으로 축적해 놓은 여러 가지 의미와 사회적 행동양식을 유아가 습득할 수 있도록 도움을 주는 역할을 한다고 보았다.

비고츠키는 유아가 근접발달영역을 통해 발달하는 것으로 보았다. 근접발달영역(zone of proximal development: ZPD)은 현재의 실제적 발달수준과 잠재적 발달수준 간의 차이를 말한다. 실제적 발달수준은 타인의 도움 없이 유아 스스로의 힘으로 도달할 수 있는 문제해결의 수준을 뜻하며, 잠재적 발달수준은 성인의 안내나 보다 유능한 또래와의 협력을 통해 풀 수 있는 문제해결의 수준을 의미한다. 또한, 비고츠키는 성인이나 보다 유능한 또래들이 유아가 발달할 수 있도록 도와주는 조력의 과정을 비계설정(scaffolding)이라고 하였다.

6. 다중지능이론(Multiple Intelligence Theory)

다중지능이론은 지능의 다면성을 강조한 이론으로 문제해결이나 문화적 산물을 창조해 내는 능력이라고 보는 관점이다. 다중지능이론에서는 표준화된 IQ보다 능력의 잠재적 가능성에 대한 보다 폭넓은 자료를 제공한다. 다중지능이론의 대표적 학자로는 가드너가 있다.

1) 가드너(Howard Gardner, 1943~)

미국 하버드대학교 심리학과 교수인 가드너는 1983년『정신의 구조』에서 인간의 지능은 단일한 것이 아니라 다양한 능력들로 구성되어 있으며 이러한 능력들은 서로 독립적이고 동일한 가치로 존중되어야 한다고 보았다.

가드너는 그의 저서『다중지능』(1993)에서 8가지의 다면적 지능을 제안하였다.

(1) 언어적 지능(linguistic intelligence)

읽기, 말하기, 쓰기, 듣기 등에서 사용되는 지능으로 말이나 글의 표현을 통해 언어를 효과적으로 구사하는 능력이다. 문학가, 언론인, 변호사, 교사 등에게서 주로 이러한 능력이 사용된다.

(2) 논리 · 수학적 지능(logical-mathematical intelligence)

숫자를 효과적으로 사용하고 논리적이고 추상적인 사고를 하는 지능이다. 수학자, 과학자 등에게서 주로 이러한 능력이 사용된다.

(3) 공간적 지능(spatial intelligence)

물리적 환경을 다루는 데 사용되는 지능으로 시각적, 공간적 세계를 정확히 지각하는 능력, 형태의 변형 · 균형 · 구성에 대한 민감성, 색 · 선 · 모양 · 형태 · 공간

요소들 간의 관계에 대한 감수성이 이에 포함된다. 건축가, 예술가, 항해사, 조종사 등에게서 주로 이러한 능력이 사용된다.

(4) 신체 · 운동적 지능(bodily-kinesthetic intelligence)

신체를 이용해 자신의 생각이나 감정을 표현하는 능력, 손을 이용해 사물을 만들거나 변형시키는 능력, 신체적 기술 등이 이에 속한다. 무용가, 운동선수, 체조선수, 공예인, 외과의사, 배우 등에게서 주로 이러한 능력이 사용된다.

(5) 음악적 지능(musical intelligence)

노래하고 악기를 연주하며 작곡과 지휘를 하는 것과 관련된 지능으로 음악적 표현형식을 지각 · 변별 · 변형 · 표현하는 능력, 음악의 리듬 · 음조 · 멜로디 · 음색 · 음절 등에 대한 민감성 등이 이에 속한다. 성악가, 연주가, 작곡가 등의 음악가에게서 주로 이러한 능력이 사용된다.

(6) 대인적 지능(interpersonal intelligence)

다른 사람의 의도 · 기분 · 동기 · 감정을 지각하고 구분할 수 있는 지능이다. 사회생활에 중요한 지능으로서 종교인 · 정치가 · 사업가 · 행정가들에게서 주로 이러한 능력이 사용된다.

(7) 개인 내 지능(intrapersonal intelligence)

자기 자신에 대해 객관적으로 이해하고, 자신의 행동과 감정을 잘 통제하고 관리할 수 있는 지능이다. 자신의 감정에 대한 인식, 자신의 행동에 대한 통찰, 자신의 목표와 능력에 적합한 방식으로 행동하는 것이 이에 속한다. 소설가, 임상심리사 등에게서 주로 이러한 능력이 사용된다.

(8) 자연탐구 지능(naturalist intelligence)

자연세계에 민감하고 동 · 식물과 같은 생명체나 주변 사물을 식별하는 지능이다. 동 · 식물학자, 사냥꾼, 채집가, 농부 등에게서 주로 이러한 능력이 사용된다.

7. 생태체계이론(Ecological Theory)

생태체계이론은 인간의 발달이 한 개인을 둘러싼 여러 환경층의 영향으로 이루어진다고 보는 이론이다. 대표적인 학자로는 브론펜브레너가 있다.

1) 브론펜브레너(Urie Bronfenbrenner, 1917~2006)

브론펜브레너는 유아가 자신을 둘러싼 다양한 환경과 역동적으로 상호작용하는 것으로 보았다. 그는 유아는 환경에 영향을 받기도 하지만 영향을 주는 능동적 존재라고 보았고, 유아가 생활하는 사회적 · 물리적 환경과 교육특성 간의 관계를 분석함으로써 유아의 발달을 이해해야 한다고 강조하였다.

브론펜브레너가 제시한 다섯 가지 생태체계를 살펴보면 다음과 같다.

(1) 미시체계(microsystem)

미시체계는 유아에게 일차적이고 직접적으로 영향을 주는 환경체계이다. 유아의 가족, 친구, 유아교육기관, 이웃 등이 이에 포함된다. 또한, 유아가 살고 있는 집이나 유아교육기관의 규모, 놀잇감의 종류, 가족 수, 집이나 유아교육기관 주변의 공원 시설물 등과 같은 물리적 환경도 포함된다. 미시체계 내의 상호작용은 쌍방적이다. 유아는 환경의 영향을 받기도 하지만 동시에 환경에 영향을 주는 능동적인 주체가 되기도 한다.

(2) 중간체계(mesosystem)

중간체계는 두 개 이상의 미시체계들 간의 상호관계에 의해 형성되는 환경체계이다. 부모와 교사와의 관계, 가족 간의 관계(부모 간의 관계, 형제간의 관계), 부모와 이웃 간의 관계가 이에 포함된다.

(3) 외체계(exsosystem)

외체계는 유아와 직접적으로 상호작용하지는 않지만 간접적으로 영향을 미치는 사회적 환경체계이다. 부모의 직장, 방송매체, 정부 관련 부처, 교통 · 통신시설 등이 이에 포함된다. 예를 들어, 부모의 직장, 근무시간, 연봉액수, 휴가 일수 등, 정부기관의 보육 및 교육정책 등이 이에 속한다.

(4) 거시체계(macrosystem)

거시체계는 미시체계, 중간체계, 외체계를 포함하는 문화적 환경체계이다. 유아가 속한 사회의 가치관, 법, 전통, 관습이 이에 포함된다. 예를 들어, 유아의 교육권이 무시되는 사회에서 생활하는 유아는 교육적 혜택과 선택으로부터 소외된다.

(5) 시간체계(chronosystem)

시간체계는 시간 차원의 환경체계이다. 인생 과정에서 겪는 사건 및 변화, 사회적 · 역사적 사건이 이에 포함된다. 예를 들어, 입학, 직업, 결혼, 은퇴, 질병, 죽음, 이사, 이혼, 전쟁 등이 이에 속하고 이러한 시간체계는 유아의 발달에 영향을 미치게 된다.

CHAPTER 04

유아교육과정의 사회적 기초

01 가족구조의 변화
02 여성의 사회진출
03 저출산 문제
04 복지 차원에서의 영유아교육지원
05 정보화사회와 세계화시대의 도래
06 미래사회의 변화와 유아교육의 방향

1960년대 이후 산업화 · 도시화와 함께 다양하게 발생한 사회적 변화는 유아교육과정에 중요한 영향을 미쳤다. 이러한 사회적 변화는 가족의 구조와 기능, 역할 변화, 여성의 사회진출, 복지사회와 환경, 미래사회에 대한 준비 등에 사람들의 많은 관심을 불러일으키게 되었고, 미래사회의 구성원인 유아를 대상으로 하는 유아교육과정에서도 다양한 사회적 요인을 분석하고 이를 반영할 필요가 있다. 유아교육과정의 사회적 기초가 되는 다양한 요인들과 미래사회의 변화와 유아교육의 방향을 살펴보면 다음과 같다(김미경 외, 2018; 이기숙 외, 2013; 경기도교육원, 2019).

1. 가족구조의 변화

사회가 산업화 · 도시화되면서 부부 중심의 핵가족이 일반화되었다. 이에 부모의 역할과 책임에 변화를 가져왔으며 가족의 본래 기능이었던 자녀양육 및 사회화 기능은 약화되었다(Morrison, 1988). 이러한 핵가족화 외에도 가족의 구조가 다양화되고 있다. 잦은 이혼으로 인한 편부모가족, 재혼이나 입양으로 맺어진 복합가족, 동성애가족, 10대 부모, 비혼 부모 가정 등 다양한 가족의 구조가 생기고 있다. 이에 국가수준의 유아교육과정에서는 이미 우리 사회 가족구조의 변화를 반영하여 유아가 가족의 소중함을 알고, 가족과 화목하게 지내는 가족애의 중요성을 교육내용에 포함하고 있으며, 지속적으로 강조해 오고 있다.

2. 여성의 사회진출

1960년대 이후 여성해방운동의 영향으로 여성도 남성과 동등한 교육을 받고 자아실현과 경제적 자립의 요구가 강해졌으며, 변화된 산업사회에서는 여성인력을 필요로 하게 되었다. 경제활동에 참여하는 여성은 매해 증가 추세이다. 1970년대에 전체 여성인구의 38.5%가 경제활동에 참여하였으나(김미경 외, 2018) 2019년 53.5%의 여성이 경제활동에 참여하고 있다(통계청a, 2020).

따라서 가족 내 자녀의 수가 크게 감소되었고 여성이 전통적으로 담당해 오던 역할인 육아문제가 사회적 문제로 발생하였다. 이에 보육수요의 증가와 함께 보육서비스의 다양화에 대한 요구가 늘어날 것으로 전망된다. 특히, 3세 이전 영아에 대한 보육, 초등학교 저학년 아동에 대한 수요가 더욱 증가할 것으로 보이며, 자녀양육에 대한 책임을 국가와 사회가 함께 나누어야 할 것이다.

3. 저출산 문제

여성 한 명이 평생 동안 낳을 것으로 예상되는 평균 출생아 수를 나타내는 합계출산율이 1960년에는 6.0명이었으나(김미경 외, 2018), 2019년 0.918명으로 떨어졌다(통계청b, 2020). 이렇게 출산율이 감소하는 요인에는 개인적 요인, 사회적 요인 등이 영향을 미친다.

개인적 요인으로는 결혼관과 자녀관의 변화를 들 수 있다. 교육수준이 높은 여성일수록 육아와 가사의 부담이 남성보다 상대적으로 높기 때문에 결혼을 기피하거나 늦추는 경향이 있다. 또한, 결혼을 하더라도 사회적 · 경제적 지위가 안정될 때까지 출산을 미루거나 자녀를 갖지 않겠다는 추세가 늘고 있어 저출산에 영향을 미치는 요인이 되고 있다.

사회적 요인으로는 출산과 육아에 대한 여성의 역할부담 증가를 들 수 있다. 대부분의 여성은 경제활동에 참여하면서 동시에 출산과 육아의 역할을 하게 된다. 또한, 자녀출산이 가계에 부담이 되거나 경력단절의 요인이 될 경우 자녀출산을 미루거나 계획하지 않을 수 있다. 이에 우리나라 정부에서는 저출산 문제 극복을 위한 육아지원정책으로 연말정산 시 보육료와 교육비 소득공제, 출산휴가, 육아휴직제 실시, 0~5세 유아의 무상교육 실시, 저소득층 가정의 취학 전 영유아를 위한 보육료와 교육비 지원 등을 통해 다양한 노력과 관심을 기울이고 있다.

4. 복지 차원에서의 영유아교육지원

우리나라는 매년 가족 내 자녀 수가 줄어들어 심각한 저출산 문제를 야기하였고 미래 국가의 존망을 걱정하기에 이르렀다. 이에 교육에 대한 국가적 책임과 사회적 대책 마련이 요구되고 있다. 현재 유아교육기관의 시간연장제, 종일제프로그램이 증가하고 영유아보육 수요와 교육서비스에 대한 요구 증가로 어린이집 숫자도 증가 추세이다. 이제 영유아교육은 개인 및 가정의 영역이 아닌 국가경쟁력 차원에서 이해되고 정책적 지원이 이루어져야 한다.

영유아교육에 대한 국가적 노력의 예로는 보상교육을 들 수 있다. 보상교육의 대표적인 프로그램이 헤드스타트프로그램이다. 헤드스타트프로그램은 1960년대 미국에서 빈곤의 악순환을 막고자 실시한 저소득층 유아를 위한 집중적이고 포괄적인 서비스이다. 헤드스타트프로그램은 교육, 부모참여, 건강진단, 사회봉사, 영양, 부모와 교사를 위한 진로지도 등 6가지 주요 프로그램으로 구성되었다. 헤드스타트프로그램을 통한 노력은 유아교육의 중요성에 대한 국가적 관심과 인식을 높이고 다양한 유아교육프로그램의 개발, 효과 검증을 위한 연구들로까지 이어져 유아교육과 유아교육과정 발전의 토대가 되었다.

우리나라에서는 헤드스타트와 유사한 노력으로 1980년대 초반 저소득층 유아 및 취업모 자녀의 교육을 위해 새마을유아원을 전국에 설립하였다. 2013년부터 0~5세 자녀를 둔 전 계층에 무상교육을 실시하고 유치원과 어린이집에 연령별로 보육료와 양육수당을 지급함으로써 보편적 복지정책을 실행하고 있다.

또한, 보건복지부에서는 2004년 민간단체와 지자체를 중심으로 추진되었던 '위스타트마을만들기사업'을 모델로 하여 2007년부터 한국형 포괄적 빈곤아동 조기지원서비스를 제공하는 것을 목적으로 '드림스타트사업'을 운영하고 있다. 교육부에서는 2003년 '교육복지투자우선지역지원사업'을 2011년 '교육복지우선지원사업'으로 명칭을 변경하여 저소득층 유아들에게 요구되는 교육적 · 문화적 · 복지적 차원의 지원을 함께 제공하면서 교육불평등과 격차 해소를 위해 노력하고 있다.

5. 정보화사회와 세계화시대의 도래

현대사회는 정보전달의 빠른 속도와 풍부한 정보의 양으로 인해 변화가 가속되고 있다. 따라서 현대사회는 새로운 정보를 창출하고 정보를 융합하여 새로운 아이디어를 창조하는 능력을 가진 인재 양성이 요구된다. 그러므로 미래사회의 구성원으로서 현대 유아들에게 엄청난 양의 정보 속에서 유용한 정보를 선택하고, 정보를 통합하여 활용하는 능력과 정보를 바람직하게 활용하는 바른 인성을 기를 수 있는 교육적 지원이 필요하다.

또한, 현대사회는 정보화사회의 도래와 함께 세계화시대로 급속한 변화를 이루고 있다. 대중매체 및 인터넷의 발달로 인해 문화와 문화간 교류가 빈번해지고 교통기관의 발달로 인해 시 · 공간적으로 가까워짐에 따라 세계 여러 나라와 공존하는 법을 배우는 것이 중요한 과제가 되었다. 다양한 문화가 공존하는 세계인으로 살아가기 위해 우리와 다른 문화에 대한 편견 없는 수용과 긍정적인 태도와 이해가 필요하다.

이에 따라 성, 인종, 민족, 능력, 장애 여부와 상관없이 모든 사람을 존중하도록 하는 반편견교육, 사회적 · 문화적 다양성을 이해하고 존중하도록 하는 다문화교육이 유아교육과정에 반영되었고, 유아교육현장에서 다양한 교육활동으로 운영되고 있다.

6. 미래사회의 변화와 유아교육의 방향

4차 산업혁명을 통한 기술융합시대의 도래로 우리는 변화의 중심에 있다. 우리에게 다가올 미래사회의 변화와 미래 유아교육의 방향을 살펴보면 다음과 같다 (경기도교육연구원, 2019).

1) 미래사회의 변화

(1) 과학 및 정보기술 발달

21세기 초반부터 진행되어온 4차 산업혁명은 정보기술(IT), 바이오기술(BT), 나노기술(NT) 등 다양한 분야의 테크놀로지의 강력한 네트워크와 융합을 통해 새로운 시스템을 만들어 냄으로써 질적인 변화를 가져왔다. 이러한 변화는 궁극적으로는 산업 간, 서비스 간 융합을 유발하여 경제 및 산업 전 분야에 영향을 미치고, 나아가 미래사회 구성원의 삶을 획기적으로 바꾸는 계기가 될 것이다.

4차 산업혁명의 특징을 살펴보면 다음과 같다(김태완, 2016).

첫째, 사람과 사람은 물론 사람과 사물, 그리고 사물과 인터넷 통신망으로 연결된다.

둘째, 서로 다른 지식과 정보가 연결되어 생성되는 빅데이터를 분석하여 일정한 패턴을 파악한다.

셋째, 이러한 빅데이터 분석결과를 토대로 인간의 행동을 예측하는 일이 가능해진다.

지금까지는 포털, SNS가 보편화된 모바일시대였다면 앞으로의 시대는 융합, 클라우드, 빅데이터, 에어러블 등의 키워드가 지배하는 초연결시대가 도래할 것이다. 초연결사회(Hyper Connected Society)는 IT를 바탕으로 사람, 프로세스, 데이터, 사물이 서로 연결됨으로써 지능화된 네트워크를 구축하여 이를 통해 새로운 가치와 혁신의 창출이 가능해지는 사회이다. 4차 산업혁명을 통한 과학기술의 발전으로 인한 초연결시대로의 변화는 인간의 생활과 삶에 새로운 차원의 서비스와 문화적 환경을 만들어 낼 것이며, 교육에서의 상호작용 방식에도 새로운 변화를 가져올 것으로 예측된다.

(2) 지식 기반 정보화사회의 도래

지식 기반 정보화사회는 노동, 자원, 자본이 주된 생산요소였던 산업사회를 지나 지식과 정보가 개인, 기업, 국가의 경쟁력을 좌우하는 핵심요소 또는 가치창출의 토대가 되는 사회를 뜻한다. 미래사회에서는 기하급수적으로 늘어나는 새로운 지식과 정보를 습득하는 것보다는 지식을 효율적으로 다루는 능력과 다양한 지식과 정보를 의미 있는 지식으로 변화시킬 수 있는 능력이 더욱 요구된다. 이제 지식은 문제를 해결하기 위한 것, 일, 생활, 놀이와 분리된 것이 아닌 다양한 일상생활 속에서 사회통합적으로 구성되는 것이라고 이해할 필요가 있다.

지식의 정확성이나 양은 크게 의미가 없으며, 학교현장의 수업 또한 지식 전달이 목적이 아니라 다양한 삶의 맥락 속에서 당면한 문제를 해결하고, 지적 능력, 사회 · 정서적 능력, 실천능력을 길러 주는 방향으로 전환되어야 할 것이다. 이와 같이 지식 기반 정보화사회의 도래는 지식을 보는 관점, 지식을 구성하는 방식과 확산 방식에 큰 영향을 미치고, 교육에서의 지식 습득 방식과 이해에도 변화를 가져올 것으로 예측된다.

(3) 학령인구의 감소와 노령인구의 증가

우리나라는 2019년 OECD 회원국 중 합계출산율이 1 미만(0.918)인 유일한 국가이며(통계청b, 2020), 지난 1987년부터 2017년 동안 30년간 출산율 감소속도도 OECD 회원국 중 가장 빠른 것으로 나타났다(경기도교육연구원, 2019). 저출산 문제로 인해 학령인구는 계속 감소하고 있는 추세이다. 2019년 통계청 장래 추계인구 보도자료에 따르면 6~21세의 학령인구는 2017년 840만 명에서, 2067년에는 364만 명 수준으로 대폭 감소할 것으로 전망하고 있다.

이러한 학령인구의 감소는 교육활동의 내용, 방법, 교육시스템 운영 등에 커다란 변화를 가져올 것이다. 또한, 학교와 학급, 학생 분포에 있어 지역 간의 교육적 격차가 심화될 것이다. 이에 반해, 노령인구의 증가로 인해 평생교육에 대한 수요는 증가하면서 교육제도와 정책의 변화가 이루어질 것으로 예측된다.

(4) 빈부격차와 계층 양극화 심화

빈부격차와 계층의 양극화 현상은 교육불평등을 심화시키는 원인으로 작용할 수 있다. 2019년 3월 12일 통계청이 실시한 「2018년 초중고 사교육비 조사」 결과를 살펴보면, '가구 소득수준별 학생 1인당 월평균 사교육비 및 참여율'이 월소득 800만 원 이상 가구의 월평균 사교육비는 50.5만 원, 200만 원 미만 가구는 9.9만 원으로 나타나 5.1배의 큰 격차를 보였다. 또한, 시 · 도 별 월평균 사교육비는 서울(41.1만 원), 경기(32.1만 원), 대구(30.3만 원) 순으로 나타났다(경기도교육연구원, 2019). 이와 같이 빈부격차와 계층 양극화는 소득수준에 따른 교육불평등을 야기할 수 있어 교육의 기회균등, 평등성, 보편성을 고려한 교육에 영향을 미칠 것으로 예측된다.

(5) 지구온난화로 인한 환경 생태계 변화

오늘날의 환경문제는 어느 한 지역, 어느 한 국가만의 문제가 아니라 범지구적인 국제간의 문제이다. 전 세계에 존재하는 지하자원은 언젠가 고갈될 수밖에 없고 앞으로 깨끗한 물조차 부족해질 위기에 처해 있다. 또한, 공기는 오염되고 지구온난화는 가속화되는 현재 상황이 계속 진행된다면 미래세대가 살아 나갈 환경은 더 이상 깨끗하고 좋은 환경을 기대할 수 없게 될 것이다. 지구는 산업사회를 거치면서 무분별한 개발에 노출되어 왔고, 그 결과는 쓰나미, 지진, 태풍, 가뭄, 홍수 등의 자연재해로 우리에게 돌아오고 있다. 이와 같이 지구온난화로 인한 환경 생태계의 변화를 최소화하기 위해 미래사회에서는 과도한 성장과 팽창, 경쟁과 쟁취의 패러다임에서 지속 패러다임으로 전환하는 교육적 접근이 강조될 것이다.

2) 미래 유아교육의 방향

앞에서 미래사회의 변화를 살펴보았다. 이를 토대로 미래 유아교육과정의 방향을 제시하면 다음과 같다(경기도교육원, 2019).

첫째, 유아교육과정은 미래의 과학기술 혁신을 기반으로 다양한 교수방법을 적용한 수요자 맞춤형 교육의 방향으로 나갈 필요가 있다. 미래의 교실은 인공지능 로봇, 가상현실기술, 3D프린팅, 사물인터넷 등의 최첨단 미디어가 실제 교육현장에 널리 활용되는 디지털화된 교실로 변화될 것이다. 유아는 미래의 역동적인 학습환경 속에서 다양한 미디어를 활용하는 능동적 역할을 수행하게 될 것이며, 유아의 개별 특성에 맞추어 다양한 교수방법을 적용한 맞춤형 교육의 방향으로 나아가야 할 것이다.

둘째, 유아교육과정은 유아가 실제 삶에서 자신이 가지고 있는 능력을 발휘할 수 있는 방향으로 접근해야 한다. 미래사회에서 폭발적으로 증가하는 지식을 습득하는 것은 무의미하며, 다양한 정보를 효율적으로 다루고 실제 삶의 문제를 해결하는 것이 더욱 중요한 능력으로 부각된다. 즉, 지식은 일, 생활, 놀이가 일어나는 실제 삶의 맥락에서 의미 있는 지식으로 구성된다고 볼 수 있다. 따라서 미래 유아학교의 교육과정은 개별 유아의 삶에 의미를 두는 교육과정으로 구성되어야 한다.

셋째, 유아학교의 교육환경은 첨단기술과 생태적인 경험의 연결성을 고려하는 미래지향적 방향으로 설계되어야 한다. 미래에는 가상과 현실을 넘나드는 첨단기술의 활용한 교육적 매체가 교육현장에 널리 활용될 것이다. 그러나 미래사회의 급격한 성장과 팽창은 환경 생태계의 파괴를 가속화시킬 것이다. 따라서 유아의 교육환경은 첨단기술의 활용과 생명의 소중함을 느끼고 자연을 소중하게 여길 수 있는 생태적 경험이 균형 있게 이루어질 수 있는 방향으로 나갈 필요가 있다.

넷째, 유아교육은 모든 유아가 교육의 기회균등을 보장받는 보편성과 평등성을 확보해야 한다. 미래사회는 소득 불균형과 양극화가 점차 증가할 것으로 보이며, 이는 교육불평등을 심화시키는 원인으로 작용할 수 있다. 따라서 유아학교 의무교육을 법적으로 명시하여 취학 기회를 보장하고 공·사립 유아학교 기본 교육비를 전면 무상으로 하는 유아학교 의무교육 기반 정책을 수립하여 모든 유아가 유아학교교육을 받을 수 있는 기회를 평등하게 보장받을 필요가 있다.

다섯째, 유아교육은 교육구성원들 간에 민주적이고 수평적인 소통체계를 통한 협력적 기반을 구축할 수 있도록 해야 할 것이다. 미래사회는 사람과 사람, 사람과 사물, 그리고 사물 간의 경계를 뛰어넘어 모든 것이 하나의 빅데이터로 연결되어 있으므로 교육구성원이 서로 떨어져 있어도 함께 지식을 공유할 수 있다. 이에 각 교육구성원들은 교육서비스에 대한 요구를 자유로운 방식으로 표현하고, 교육활동에 직접 참여하여 학교교육에 대한 결정권을 가지게 될 것이다. 또한, 학교의 운영이나 정보의 전달방식도 다양한 교육적 이해와 요구를 재구성하여 공유하는 시스템으로 변화될 것이다. 따라서 미래의 유아교육은 수평적 소통체계를 기반으로 교육행정기관, 유아학교, 지역사회의 협력적 기반을 구축해 나가는 정책이 요구된다.

CHAPTER 05

유아교육과정의 분류

01 와이카트의 분류
02 메이어의 분류
03 비셀의 분류
04 콜버그와 메이어의 분류

1. 와이카트(Weikart)의 분류

와이카트(Weikart)는 교사와 유아 중 누가 학습에 주도적 역할을 하는지에 따라 다음과 같이 분류하였다(전경화 외, 2009; 문미옥, 2015; 김미경 외, 2018; 김용숙, 2018).

와이카트의 분류

- **계획된 교육과정**: 교사가 학습의 주도적 역할을 하는 교육과정
- **아동중심 교육과정**: 유아가 학습의 주도적 역할을 하는 교육과정
- **개방체제 교육과정**: 교사와 유아가 모두 학습의 주도적 역할을 하는 교육과정
- **보호적 교육과정**: 교사와 유아 모두 학습의 주도적 역할을 하지 않는 교육과정

1) 계획된 교육과정(programed curriculum)

계획된 교육과정은 교사가 학습의 주도적 역할을 하는 교육과정으로, 교사가 주도적으로 수업을 계획하고 운영하는 교육과정을 의미한다.

계획된 교육과정은 행동주의이론에 기초를 두며, 목표와 교수요목이 구체적이어서 교육과정을 처음 운영하는 초임교사가 효율적으로 교육과정을 운영할 수 있도록 돕는다. 반면, 유아의 흥미와 능동적 탐구의 과정이 수업에 반영되지 않음으로써 일방적이고 획일화된 수업이 될 수 있다.

대표적인 프로그램으로는 '디스타프로그램'을 들 수 있다.

디스타프로그램(DISTAR program)

이 프로그램은 사회적으로 소외되거나 경제적으로 낙후된 지역이나 계층의 유아에게 읽기, 쓰기, 셈하기와 같은 기초학습능력을 단기간에 습득시키거나 보충하려는 목적으로 개발된 직접적인 교수법이다.

2) 아동중심 교육과정(child centered curriculum)

아동중심 교육과정은 유아가 학습의 주도적 역할을 하는 교육과정으로 학습에 있어 교사는 안내자, 지원자로서의 역할을 하며, 유아가 학습의 주도권을 가지는 교육과정을 의미한다.

아동중심 교육과정은 성숙주의이론에 기초를 두며, 유아의 흥미를 중심으로 한 놀이의 가치를 중요시한다. 또한, 다양한 놀이를 통해 유아의 사회적 적응과 정서적 성장, 독립심 형성 등 전인적 발달을 도모한다. 아동중심 교육과정은 개별 유아의 흥미와 요구를 충분히 반영할 수 있다는 장점이 있으나 자칫 방임으로 흐를 위험이 있다.

대표적인 프로그램으로 '뱅크스트리트프로그램'을 들 수 있다.

뱅크스트리트프로그램(Bank Street program)

1968년 미국 뱅크스트리트 사범대학에서 각 아동의 발달 측면을 중심으로 개발한 프로그램으로 일명 발달적-상호작용 유아교육프로그램이라고도 한다. 영유아를 스스로 의미를 창출하는 존재로 여기며, 통합된 교과과정을 통해 경험과 아이디어가 상호연결되는 것을 강조한다.

3) 개방체제 교육과정(open framework curriculum)

개방체제 교육과정은 교사와 유아가 모두 학습의 주도적 역할을 하는 교육과정으로 유아의 흥미와 요구 등을 적극적으로 반영하여 수업을 융통적이고 역동적으로 운영하는 것을 의미한다.

개방체제 교육과정은 구성주의이론을 기초로 하며, 유아의 사고, 인지 과정뿐 아니라 직접적인 활동과 경험을 통한 학습을 중요시한다. 또한, 교사와 유아, 유아와 유아, 유아와 교구 간의 상호작용을 모두 중요하게 여긴다. 개방체제 교육과정에서 교사는 유아와의 다양한 상호작용을 통해 유아가 스스로 탐구하고 발견할 수 있도록 안내하고 지원한다. 또한, 유아의 흥미에 따라 학습내용을 선정하며, 활동시 유아의 개별수준을 고려한다. 반면, 교사의 전문성이 요구된다. 교사는 수업 개선을 위해 연수 및 연구를 통해 자신의 전문성을 신장시키도록 노력하는 것이 필요하다.

대표적인 프로그램으로는 카미 드브리스 프로그램, 프로젝트 접근법, 레지오 에밀리아 접근법이 있다.

카미 드브리스 프로그램(Kamii-DeVries program)

저소득층 유아들을 대상으로 피아제의 인지발달이론에 기초하여 개발하였다. 아동의 인지적 · 도덕적 · 사회적 · 정서적 · 신체적 영역에의 균형 있는 발달을 통한 전인적 성장을 강조하였다.

프로젝트 접근법(Project Approach)

1919년 킬패트릭(kilpatrick)의 'The Project Method: The use of the purposeful act in the educative process'라는 제목의 논문 발표에서 유래되었다. 캐츠와 차드(Katz & Chard, 1989)에 의해 '프로젝트에 의한 학습활동'을 '프로젝트 접근법(Project Approach)'라는 용어로 재조직하여 사용하게 되었다.
프로젝트는 한 명 또는 그 이상의 유아가 전심을 다하여 가치 있는 주제에 대해 깊이 있는 탐구를 실행하는 것을 의미한다. 유아의 일상생활 경험, 지식, 흥미를 바탕으로 주제를 선정한다. 유아가 직접 지식의 탐구, 활동의 조직, 문제해결, 기록화의 과정을 경험하도록 한다.

레지오 에밀리아 접근법(Reggio Emilia Approach)

레지오 에밀리아 접근법은 2차 세계대전 이후 이탈리아 북부의 소도시 레지오 에밀리아에서 공동조합 형태의 학교와 여러 유치원을 세우면서 시작되었다. 표현적 · 의사소통적 · 인지적 언어의 합성을 통해 유아 스스로 사고하는 힘을 구축하여 재통합된 유아를 길러내는 것을 목적으로 한다. 2~5명의 소집단의 유아가 한 가지 주제에 대해 심도 있게 탐색, 연구해 나가는 프로젝트 활동 위주로 수업을 진행한다.

4) 보호적 교육과정(custodial curriculum)

보호적 교육과정은 보호적 배려를 의미하는 교육과정으로 유아의 보호 및 양육에 중점을 둔다. 1980~1990년대 여성의 사회적 역할이 활발해지면서 유아양육 및 교육의 문제가 부각되자 유아기에 형성되는 애착이나 자아정체감 등을 고려할 때 교육과 보호를 분리할 수 없다는 인식이 반영된 것이라 볼 수 있다. 따라서 다른 유형에 비해 교사와 유아 간 상호작용이나 교육적 측면이 미약한 특성을 지닌다.

2. 메이어(Mayer)의 분류

메이어(Mayer)는 교사-유아 간 상호작용, 유아-유아 간 상호작용, 유아-교구 간 상호작용 정도에 따라 아동-발달 모형, 언어-인지 모형, 언어-교수 모형, 감각-인지 모형으로 구분하였다. 표로 정리하면 다음과 같다(김미경, 2018; 김용숙, 2018; 문미옥, 2015; 전경화 외, 2009).

구분	아동-발달 모형	언어-인지 모형	언어-교수 모형	감각-인지 모형
교사-유아 상호작용				
유아-유아 상호작용				
유아-교구 상호작용				
이론적 기초	성숙이론 정신분석이론	인지발달이론	행동주의이론	몬테소리이론
강조점	사회 · 정서발달	사회성과 인지의 조화로운 발달	반복적 교수 강화	감각훈련 일상생활습관훈련

출처: 최애경 · 안부금 · 좌승화(2010). 영유아교육과정. 양서원; 문미옥(2015). 영유아교육과정. 창지사.

1) 아동-발달 모형(child-development model)

아동–발달 모형은 게젤, 프로이트, 에릭슨 등의 성숙주의이론과 정신분석이론에 기초한 교육과정으로 유아–유아 간 상호작용을 통해 유아의 사회 · 정서발달이 이루어지면 인지적 발달도 함께 이루어진다고 본다. 아동–발달 모형에 따른 교육활동은 유아의 발달단계 및 발달적 요구에 적합하게 구성되며, 유아의 직접적인 활동을 강조한다.

2) 언어- 인지 모형(verbal-cognitive model)

언어–인지 모형은 인지발달이론에 기초한 교육과정으로 교사–유아, 유아–유아, 유아–교구 간 상호작용을 모두 강조하고 인지발달과 사회 · 정서발달의 조화로운 발달을 도모한다. 교육활동에 있어 교사는 보다 적극적으로 유아의 학습을 주도하고 유아는 교사가 계획한 환경 속에서 자기주도적 활동을 선택하여 학습한다.

3) 언어-교수 모형(verbal-didactic model)

언어–교수 모형은 행동주의이론에 기초한 교육과정으로 교사–유아 간 상호작용을 강조한다. 교육활동에 있어 언어, 읽기, 셈하기와 관련된 지식의 습득을 위해 반복적이고 암기식 교수, 적절한 보상과 강화 등을 사용한다.

4) 감각-인지 모형(sensory-cognitive model)

감각–인지 모형은 몬테소리 교육이념과 방법에 기초한 교육과정으로 유아–교구 간 상호작용을 강조한다. 교육활동에 있어 유아의 감각훈련과 일상생활습관훈련을 위해 구체적인 대상 및 사물들과의 직접적 접촉을 강조한다. 학습은 비언어적으로 개별 유아가 학습개념을 경험할 수 있는 교구를 조작하면서 이루어진다.

3. 비셀(Bissell)의 분류

비셀(Bissell)은 유아교육과정의 모형을 교육목표, 수업전략, 조직의 구조와 과정에 따라 허용적 심화 모형, 구조적 인지 모형, 구조적 정보 모형, 구조적 환경 모형으로 분류하였다.

1) 허용적 심화 모형(permissive-enrichment model)

허용적 심화 모형은 유아의 언어발달, 인지발달, 감각운동발달, 정서발달 등 유아의 전인적 발달을 교육목표로 한다. 교육목표의 달성을 위해 교사는 유아의 요구 및 흥미에 적절히 반응하고 다양한 경험과 풍부한 환경을 제공한다.

2) 구조적 인지 모형(structured cognitive model)

구조적 인지 모형은 유아의 전인적 성장발달보다는 학습과정과 관련된 태도 습득 및 언어적 개념의 학습을 교육목표로 한다. 교육목표 달성을 위해 교사는 학습경험을 사전에 계획하고 세분화하여 유아가 학습해야 할 개념들을 정해진 활동시간에 직접 가르치고 놀이시간을 통해 그 개념들을 확장해 나갈 수 있도록 지도한다.

3) 구조적 정보 모형(structured information model)

구조적 정보 모형은 문화적으로 결핍된 가정과 낙후된 지역의 유아에게 학문적 지식이나 기술을 가르쳐 주는 것을 교육목표로 한다. 교육목표의 달성을 위해 교사는 지시적이고 반복적인 교수방법을 사용하고 유아는 매우 구조화된 교육내용을 학습한다.

4) 구조적 환경 모형(structured environment model)

구조적 환경 모형은 준비된 환경 모형이라고도 부르며, 정해진 교과목의 내용의 학습보다는 학습방법과 학습과정을 강조한다. 구조적 환경 모형에서 교사는 적절한 환경과 교구 등을 준비해 주고, 유아를 관찰하여 필요한 경우 도움을 주며, 유아의 학습촉진을 위해 교구와 유아 간 매개자 역할을 한다.

4. 콜버그와 메이어(Kohlberg & Mayer)의 분류

콜버그와 메이어(Kohlberg & Mayer)는 인간의 본성, 지식과 가치의 본질에 대한 차이에 따라 유아교육과정 모형을 낭만주의 모형, 진보주의 모형, 문화전달주의 모형으로 분류하였다.

1) 낭만주의 모형(romanticism)

낭만주의 모형은 성숙주의이론을 기초로 한 교육과정 유형으로 유아의 권리와 행복, 개인의 자유를 주요 가치로 보았으며, 유아의 성장은 유아 내부의 내적인 요인에 의해 주로 결정된다고 본다. 따라서 교사는 학습에 있어 구체적인 방법을 제시하기보다는 개개인의 본성을 표현하도록 지켜보거나 학습자가 요구할 때 안내하는 역할을 한다.

2) 진보주의 모형(progressivism)

진보주의 모형은 듀이의 진보주의 철학과 구성주의이론에 기초한 교육과정 유형으로 인간의 내적 요인과 외적 요인을 모두 중요하게 여기며 이들이 어떻게 상호작용함으로써 학습이 일어나는지에 관심을 갖는다. 따라서 교사는 학습자가 능동적으로 학습을 할 수 있도록 하면서 학습자가 가진 수준과 이에 적합한 환경적 자극 간에 상호작용이 활발히 일어날 수 있도록 환경을 조성하는 역할을 한다.

3) 문화전달주의 모형(cultural transmission)

문화전달주의 모형은 행동주의이론에 기초한 교육과정 유형으로 학습에 있어 환경적 요인을 중시한다. 인류가 축적해 놓은 문화와 지식을 획득하는 것을 교육목표로 하고, 짧은 시간에 많은 지식을 습득할 수 있는 반복적이고 암기 위주의 교육방법을 주로 사용한다.

위에서 소개한 와이카트, 메이어, 비셀, 콜버그와 메이어의 분류를 표로 정리하면 다음과 같다(전경화 외, 2009).

교육과정 유형	분류모형			
와이카트	계획된 교육과정	개방체제 교육과정	아동중심 교육과정	보호적 교육과정
메이어	언어-교수 모형	언어-인지 모형	아동-발달 모형	감각-인지 모형
비셀	구조적 정보 모형	구조적 인지 모형	허용적 심화 모형	구조적 환경 모형
콜버그와 메이어	문화전달주의	진보주의	낭만주의	

* 같은 음영색끼리 비슷한 내용의 분류모형임

출처: 전경화 외(2009). 예비유아교사를 위한 유아교육과정. 교육과학사.

CHAPTER
06

누리과정의 구성

-2019 개정 누리과정-

01 누리과정의 제정과 개정

02 누리과정의 성격

03 누리과정의 구성방향

04 누리과정의 운영

05 누리과정 영역별 목표 및 내용

1. 누리과정의 제정과 개정

유치원 교육과정은 1969년에 최초로 국가수준 교육과정으로 제정, 공포되었고 수차례의 개정을 거쳐 '2007 개정 유치원 교육과정'이 완성되었다. 표준보육과정은 2007년에 최초로 고시, 시행되었다. 이후 유치원에서는 유치원 교육과정, 어린이집에서는 표준보육과정을 운영하였다.

누리과정의 제정 및 개정에 대해 살펴보면 다음과 같다(교육부 · 보건복지부a, 2019).

1) 공통과정으로서 '5세 누리과정' 제정

2011년 5월 유아교육 · 보육에 대한 국가의 책임을 강화하기 위해 5세의 유아교육과 보육내용을 통합하여 일원화한 공통과정이 고시되었다. 교육과학기술부와 보건복지부는 2011년 9월 '5세 누리과정'을 공통과정으로 제정하여 고시하고 2012년 3월부터 유치원과 어린이집에 다니는 5세 모든 유아에게 공통으로 시행하였다.

2) 공통과정으로서 '3~5세 연령별 누리과정' 제정

유아교육 · 보육에 대한 국가책임이 강화됨에 따라 국가는 누리과정 적용대상을 5세에서 3~4세 유아까지 확대하였다. 2012년 7월 유치원과 어린이집에 다니는 3~5세 유아를 위한 교육 · 보육을 통합한 '공통과정'인 '3~5세 연령별 누리과정'이 고시되어 2013년 3월부터 시행되었다. 이후 2015년 3월 '3~5세 연령별 누리과정'은 누리과정 운영시간을 3~5시간에서 4~5시간으로 조정하여 개정 · 고시되었다.

3) 교육과정으로서 '2019 개정 누리과정' 개정

교육부는 국정과제 구현과 출발선 평등 실현을 위해 2017년 12월 '유아교육 혁신방안'을 발표하였다. '유아교육 혁신방안'의 주요내용으로 '유아가 중심이 되는 놀이 위주의 교육과정 개편'이 명시되었다. 이에 유아 · 놀이 중심 교육과정을 반영하여 2019년 7월 '2019 개정 누리과정'이 고시되었다. '2019 개정 누리과정'은 유치원과 어린이집에 다니는 3~5세 유아에게 공통으로 적용되는 교육과정으로 2020년 3월부터 시행되고 있다.

2. 누리과정의 성격

누리과정은 '3~5세 유아를 위한 국가수준의 공통 교육과정'으로 유아기의 고유한 특징을 반영하여 '유아중심 및 놀이중심'을 강조하고 있다. 누리과정의 성격을 살펴보면 다음과 같다(교육부 · 보건복지부a, 2019).

누리과정은 3~5세 유아를 위한 국가수준의 공통 교육과정이다.

가. 국가수준의 공통성과 지역, 기관 및 개인 수준의 다양성을 동시에 추구한다.
나. 유아의 전인적 발달과 행복을 추구한다.
다. 유아중심과 놀이중심을 추구한다.
라. 유아의 자율성과 창의성 신장을 추구한다.
마. 유아, 교사, 원장(감), 학부모 및 지역사회가 함께 실현해 가는 것을 추구한다.

3. 누리과정의 구성방향

1) 추구하는 인간상

누리과정에서 추구하는 인간상은 건강한 사람, 자주적인 사람, 창의적인 사람, 감성이 풍부한 사람, 더불어 사는 사람이며, 초 · 중등학교 교육과정의 인간상과 연계되어 있다.

교사는 유아가 놀이를 통해 인간상을 통합적으로 경험하도록 지원하는 것이 필요하다. 추구하는 인간상은 유아가 일상에서 놀이하며 배우는 현재의 모습에서 발견할 수 있으며, 동시에 유아가 앞으로 배우며 성장해 가야 할 모습이기도 하다(교육부 · 보건복지부a, 2019).

누리과정이 추구하는 인간상

가. 건강한 사람

건강한 사람은 몸과 마음이 고루 발달하고 스스로 건강함을 유지하며, 안정적이고 안전한 생활을 하는 사람을 의미한다.

나. 자주적인 사람

자주적인 사람은 자신을 잘 알고 존중하며 자신감을 가지고 스스로 할 수 있는 일을 주도적으로 해 나가는 사람을 의미한다.

다. 창의적인 사람

창의적인 사람은 주변세계에 열려 있고, 호기심이 많으며, 자기만의 방식으로 상상하고 느끼고 표현하고 탐구하는 가운데 새롭고 독창적인 생각을 하는 사람을 의미한다.

라. 감성이 풍부한 사람

감성이 풍부한 사람은 예술을 사랑하고 존중하며, 자신을 둘러싼 주변세계에 경이감과 아름다움을 느끼고 즐길 수 있는 풍부한 문화적 감수성을 지닌 사람을 의미한다.

마. 더불어 사는 사람

더불어 사는 사람은 자신이 속해 있는 사회에 소속감을 느끼고, 다른 사람과 생명을 존중하고 자연과 더불어 살아가며, 보다 나은 사회를 만들기 위해 사회문제에 관심을 갖고 협력하는 민주시민을 의미한다.

2) 목적과 목표

누리과정의 목적에서는 유아기의 특성을 반영하여 누리과정이 지향해야 하는 바를 제시하였다. 누리과정의 목적을 바탕으로 제시된 누리과정의 목표는 유아가 추구하는 인간상으로 성장하기 위해 필요한 사항을 중심으로 구성하였다. 누리과정의 목적과 이를 실현하기 위한 목표는 다음과 같다(교육부 · 보건복지부a, 2019).

누리과정의 목적은 유아가 놀이를 통해 심신의 건강과 조화로운 발달을 이루고 바른 인성과 민주시민의 기초를 형성하는 데에 있다.

이를 실현하기 위한 목표는 다음과 같다.

가. 자신의 소중함을 알고, 건강하고 안전한 생활습관을 기른다.
나. 자신의 일을 스스로 해결하는 기초능력을 기른다.
다. 호기심과 탐구심을 가지고 상상력과 창의력을 기른다.
라. 일상에서 아름다움을 느끼고 문화적 감수성을 기른다.
마. 사람과 자연을 존중하고 배려하며 소통하는 태도를 기른다.

■ 추구하는 인간상과 목표

추구하는 인간상				
건강한 사람	자주적인 사람	창의적인 사람	감성이 풍부한 사람	더불어 사는 사람
목표				
자신의 소중함을 알고, 건강하고 안전한 생활습관을 기른다.	자신의 일을 스스로 해결하는 기초능력을 기른다.	호기심과 탐구심을 가지고 상상력과 창의력을 기른다.	일상에서 아름다움을 느끼고 문화적 감수성을 기른다.	사람과 자연을 존중하고 배려하여 소통하는 태도를 기른다.

4. 누리과정의 운영

1) 편성 · 운영

편성과 운영은 유치원과 어린이집에서 유아 · 놀이 중심 교육과정을 편성하고 운영하기 위해 고려해야 할 공통적 기준을 안내한 것이다. 누리과정의 편성과 운영을 살펴보면 다음과 같다(교육부 · 보건복지부a, 2019).

다음의 사항에 따라 누리과정을 편성 · 운영한다.

가. 1일 4~5시간을 기준으로 편성한다.
나. 일과운영에 따라 확장하여 편성할 수 있다.
다. 누리과정을 바탕으로 각 기관의 실정에 적합한 계획을 수립하여 운영한다.
라. 하루일과에서 바깥놀이를 포함하여 유아의 놀이가 충분히 이루어지도록 편성하여 운영한다.
마. 성, 신체적 특성, 장애, 종교, 가족 및 문화적 배경 등으로 인한 차별이 없도록 편성하여 운영한다.
바. 유아의 발달과 장애 정도에 따라 조정하여 운영한다.
사. 가정과 지역사회와의 협력과 참여에 기반하여 운영한다.
아. 교사연수를 통해 누리과정의 운영이 개선되도록 한다.

2) 교수-학습

교수-학습은 유아가 즐겁게 놀이하며 스스로 배울 수 있도록 교사가 지원할 때 고려해야 할 사항이다. 누리과정의 교수-학습을 살펴보면 다음과 같다(교육부 · 보건복지부a, 2019).

교사는 다음의 사항에 따라 유아를 지원한다.

가. 유아가 흥미와 관심에 따라 놀이에 자유롭게 참여하고 즐기도록 한다.
나. 유아가 놀이를 통해 배우도록 한다.
다. 유아가 다양한 놀이와 활동을 경험할 수 있도록 실내외 환경을 구성한다.
라. 유아와 유아, 유아와 교사, 유아와 환경 간에 능동적인 상호작용이 이루어지도록 한다.
마. 5개 영역의 내용이 통합적으로 유아의 경험과 연계되도록 한다.
바. 개별 유아의 요구에 따라 휴식과 일상생활이 원활히 이루어지도록 한다.
사. 유아의 연령, 발달, 장애, 배경 등을 고려하여 개별 특성에 적합한 방식으로 배우도록 한다.

3) 평가

누리과정에서 평가는 유치원과 어린이집에서 유아가 중심이 되고 놀이가 살아나는 누리과정의 운영을 되돌아보고 개선해 가는 과정이다. 유치원과 어린이집은 평가의 목적, 대상, 방법, 결과의 활용을 바탕으로 누리과정 평가를 자율적으로 실시할 수 있다. 평가에 대해 살펴보면 다음과 같다(교육부 · 보건복지부a, 2019).

교사는 다음의 사항에 중점을 두고 실시한다.

가. 누리과정 운영의 질을 진단하고 개선하기 위해 평가를 계획하고 실시한다.
나. 유아의 특성 및 변화 정도와 누리과정의 운영을 평가한다.
다. 평가의 목적에 따라 적합한 방법을 사용하여 평가한다.
라. 평가의 결과는 유아에 대한 이해와 누리과정 운영 개선을 위한 자료로 활용할 수 있다.

5. 누리과정 영역별 목표 및 내용

개정 누리과정은 신체운동 · 건강, 의사소통, 사회관계, 예술경험, 자연탐구의 5개 영역을 유지하였으나, 각 영역에 포함되는 범주와 내용을 간략화하였다. 각 영역에 포함된 내용은 신체운동 · 건강 영역 12개, 의사소통 영역 12개, 사회관계 영역 12개, 예술경험 영역 10개, 자연탐구 영역 13개로서 59개로 간략화하였다.

59개 내용에 대한 설명은 '내용이해'로, 유아가 유치원과 어린이집에서 경험하는 내용은 '유아 경험의 실제'로 함께 제시하여 교사가 영역별 내용과 유아의 경험을 바로 연계하여 이해할 수 있도록 구성하였다. 각 영역별 목표와 내용을 구체적으로 살펴보면 다음과 같다(교육부 · 보건복지부a, 2019).

1) 신체운동 · 건강

신체운동 · 건강 영역은 유아가 자신의 몸에 관심을 가지고 신체활동에 즐겁게 참여하며, 건강하고 안전한 생활을 해 가는 다양한 경험과 관련된 내용이다.

(1) 목표

실내외에서 신체활동을 즐기고, 건강하고 안전한 생활을 한다.

① 신체활동에 즐겁게 참여한다.

② 건강한 생활습관을 기른다.

③ 안전한 생활습관을 기른다.

(2) 내용

내용범주	내용
신체활동 즐기기	신체를 인식하고 움직인다.
	신체 움직임을 조절한다.
	기초적인 이동운동, 제자리운동, 도구를 이용한 운동을 한다.
	실내외 신체활동에 자발적으로 참여한다.
건강하게 생활하기	자신의 몸과 주변을 깨끗이 한다.
	몸에 좋은 음식에 관심을 가지고 바른 태도로 즐겁게 먹는다.
	하루일과에서 적당한 휴식을 취한다.
	질병을 예방하는 방법을 알고 실천한다.
안전하게 생활하기	일상에서 안전하게 놀이하고 생활한다.
	TV, 컴퓨터, 스마트폰 등을 바르게 사용한다.
	교통안전 규칙을 지킨다.
	안전사고, 화재, 재난, 학대, 유괴 등에 대처하는 방법을 경험한다.

2) 의사소통

의사소통 영역은 유아가 다른 사람과 소통하며, 일상에서 만나는 글자나 상징에 관심을 가지고 책과 이야기를 즐기는 경험과 관련된 내용이다.

(1) 목표

일상생활에 필요한 의사소통능력과 상상력을 기른다.

① 일상생활에서 듣고 말하기를 즐긴다.

② 읽기와 쓰기에 관심을 가진다.

③ 책이나 이야기를 통해 상상하기를 즐긴다.

(2) 내용

내용범주	내용
듣기와 말하기	말이나 이야기를 관심 있게 듣는다.
	자신의 경험, 느낌, 생각을 말한다.
	상황에 적절한 단어를 사용하여 말한다.
	상대방이 하는 이야기를 듣고 관련해서 말한다.
	바른 태도로 듣고 말한다.
	고운 말을 사용한다.
읽기와 쓰기에 관심 가지기	말과 글의 관계에 관심을 가진다.
	주변의 상징, 글자 등의 읽기에 관심을 가진다.
	자신의 생각을 글자와 비슷한 형태로 표현한다.
책과 이야기 즐기기	책에 관심을 가지고 상상하기를 즐긴다.
	동화, 동시에서의 말의 재미를 느낀다.
	말놀이와 이야기 짓기를 즐긴다.

3) 사회관계

사회관계 영역은 유아가 자기 자신과 다양한 삶의 모습을 이해하고, 다른 사람과 더불어 살아가기 위해 필요한 의미 있는 경험과 관련된 내용이다.

(1) 목표

자신을 존중하고 더불어 생활하는 태도를 가진다.

① 자신을 이해하고 존중한다.

② 다른 사람과 사이좋게 지낸다.

③ 우리가 사는 사회와 다양한 문화에 관심을 가진다.

(2) 내용

내용범주	내용
나를 알고 존중하기	나를 알고 소중히 여긴다.
	나의 감정을 알고 상황에 맞게 표현한다.
	내가 할 수 있는 것을 스스로 한다.
더불어 생활하기	가족의 의미를 알고 화목하게 지낸다.
	친구와 서로 도우며 사이좋게 지낸다.
	친구와의 갈등을 긍정적인 방법으로 해결한다.
	서로 다른 감정, 생각, 행동을 존중한다.
	친구와 어른께 예의 바르게 행동한다.
	약속과 규칙의 필요성을 알고 지킨다.
사회에 관심 가지기	내가 살고 있는 곳에 대해 궁금한 것을 알아본다.
	우리나라에 대해 자부심을 가진다.
	다양한 문화에 관심을 가진다.

4) 예술경험

예술경험 영역은 유아가 자연, 생활, 예술에서 아름다움을 찾아보고 느끼며, 다채롭고 창의적인 방법으로 자신의 경험, 생각, 느낌을 표현해 보고, 다양한 예술 표현을 존중하는 경험과 관련된 내용이다.

(1) 목표

아름다움과 예술에 관심을 가지고 창의적 표현을 즐긴다.

① 자연과 생활 및 예술에서 아름다움을 느낀다.

② 예술을 통해 창의적으로 표현하는 과정을 즐긴다.

③ 다양한 예술 표현을 존중한다.

(2) 내용

내용범주	내용
아름다움 찾아보기	자연과 생활에서 아름다움을 느끼고 즐긴다.
	예술적 요소에 관심을 갖고 찾아본다.
창의적으로 표현하기	노래를 즐겨 부른다.
	신체, 사물, 악기로 간단한 소리와 리듬을 만들어 본다.
	신체나 도구를 활용하여 움직임과 춤으로 자유롭게 표현한다.
	다양한 미술재료와 도구로 자신의 생각과 느낌을 표현한다.
	극놀이로 경험이나 이야기를 표현한다.
예술 감상하기	다양한 예술을 감상하며 상상하기를 즐긴다.
	서로 다른 예술 표현을 존중한다.
	우리나라 전통 예술에 관심을 갖고 친숙해진다.

5) 자연탐구

자연탐구 영역은 유아가 물질, 사물, 자연현상, 동 · 식물 등의 특성과 변화를 수학적 · 과학적으로 탐구하는 다양한 경험과 관련된 내용이다.

(1) 목표

탐구하는 과정을 즐기고, 자연과 더불어 살아가는 태도를 가진다.

① 일상에서 호기심을 가지고 탐구하는 과정을 즐긴다.

② 생활 속의 문제를 수학적 · 과학적으로 탐구한다.

③ 생명과 자연을 존중한다.

(2) 내용

내용범주	내용
탐구과정 즐기기	주변세계와 자연에 대해 지속적으로 호기심을 가진다.
	궁금한 것을 탐구하는 과정에 즐겁게 참여한다.
	탐구과정에서 서로 다른 생각에 관심을 가진다.
생활 속에서 탐구하기	물체의 특성과 변화를 여러 가지 방법으로 탐색한다.
	물체를 세어 수량을 알아본다.
	물체의 위치와 방향, 모양을 알고 구별한다.
	일상에서 길이, 무게 등의 속성을 비교한다.
	주변에서 반복되는 규칙을 찾는다.
	일상에서 모은 자료를 기준에 따라 분류한다.
	도구와 기계에 대해 관심을 가진다.
자연과 더불어 살기	주변의 동 · 식물에 관심을 가진다.
	생명과 자연환경을 소중히 여긴다.
	날씨와 계절의 변화를 생활과 관련짓는다.

CHAPTER 07

표준보육과정의 구성

-제4차 어린이집 표준보육과정-

01 표준보육과정 연혁 및 고시 배경

02 표준보육과정의 성격

03 표준보육과정의 구성방향

04 표준보육과정의 운영

05 0~1세 영역별 목표 및 내용

06 2세 영역별 목표 및 내용

1. 표준보육과정 연혁 및 고시 배경

1) 표준보육과정 연혁

어린이집에서 운영하는 보육과정은 국가수준의 보육목표와 영유아의 발달과 개인차를 고려하여 이들이 경험하게 될 보편적인 보육내용을 제시한다. 보육과정의 목적은 영유아의 전인적인 성장과 발달을 돕고 민주시민으로서의 자질을 길러 영유아가 심신이 건강하고 조화로운 사회구성원으로 자랄 수 있도록 하는 데 있다.

우리나라는 1991년 「영유아보육법」이 제정되어 보육의 법적 토대를 구축하였고, 2004년에 개정된 「영유아보육법」 제29조에 의거하여 표준보육과정개발 및 보급을 위한 근거를 마련하였다. 그 이후 2005년 여성가족부가 '표준보육과정'을 연구, 개발하고 2006년 11월 10일에 「영유아보육법 시행규칙」 제30조 관련 표준보육과정령을 개정하였다. 이에 2007년 1월 3일 최초의 '표준보육과정의 구체적 보육내용'을 고시하기에 이르렀다. '표준보육과정'이 고시됨에 따라 2007년부터는 2세 미만 보육과정, 2세 보육과정, 3~5세 보육과정이 보육현장에 적용되어 왔다.

2011년 5월 2일 정부는 어린이집과 유치원에서 이원화로 운영되던 '표준보육과정'과 '유치원 교육과정'을 통합한 공통과정을 제정하겠다고 발표하였다. 2011년에 개정 고시를 앞두었던 '표준보육과정'에서 5세 유아를 위한 보육내용을 제외시키되 '5세 누리과정'과의 연계를 고려하여 재수정한 후 0~4세 영유아를 대상으로 한 '제2차 표준보육과정'을 2012년 2월에 고시하였다.

어린이집 0~5세 영유아의 연속적 경험과 연령 간 발달적 연계를 위해서 '제2차 표준보육과정' 중 '3~5세 연령별 누리과정'의 목표와 내용을 고려하여 0~1세 보육과정, 2세 보육과정을 개정하였다. 이에 2013년 1월에 누리과정을 포함하여 '제3차 어린이집 표준보육과정'을 고시하였다(보건복지부, 2020).

2) 제4차 어린이집 표준보육과정 고시 배경

2019년 시행계획에서는 누리과정 개정에 따라 영유아 특성에 맞춰 표준보육과정을 개선하고자 '제3차 어린이집 표준보육과정' 개정과 해설서 개발 등을 계획하였다.

2019년 말, 어린이집에 다니는 0~5세 대상 보육과정 중 3~5세를 위한 보육과정(누리과정)은 이미 개정되었고, 0~2세는 어린이집에만 해당되므로 보건복지부 주관으로 0~5세 영유아의 연속적 경험과 연령 간 발달적 연계를 위하여 누리과정 개정 방향 및 내용을 고려하여 '제3차 어린이집 표준보육과정' 중 0~1세 및 2세 보육과정의 개정이 필요한 상황이었다. 이를 위해 2019년 10월부터 누리과정 및 표준보육과정 연구진을 중심으로 '제3차 어린이집 표준보육과정(0~2세) 개정 연구'를 통해 0~1세 보육과정과 2세 보육과정의 영역별 내용을 개정하였고, 0~2세 보육과정과 3~5세 보육과정(개정 누리과정)을 포괄하는 총론의 일부를 개정하여, 2020년 4월 9일에 '제4차 어린이집 표준보육과정'을 고시하였다.

2. 표준보육과정의 성격

표준보육과정에서 제시되는 성격은 국가수준 보육과정의 구성체계를 확립하는 출발점이다. 제4차 어린이집 표준보육과정의 성격은 '2015 개정 초·중등학교 교육과정' 성격의 구성체계와 연계하고, 영유아기의 고유한 특징을 반영하여 '영유아 중심 및 놀이 중심'을 강조하고 있다.

어린이집 표준보육과정(이하, '표준보육과정'이라 함)은 0~5세 영유아를 위한 국가수준의 보육과정이며, 0~1세 보육과정, 2세 보육과정, 3~5세 보육과정(누리과정)으로 구성한다.

표준보육과정의 성격은 다음과 같다(보건복지부, 2020).

가. 국가수준의 공통성과 지역, 기관 및 개인 수준의 다양성을 동시에 추구한다.
나. 영유아의 전인적 발달과 행복을 추구한다.
다. 영유아중심과 놀이중심을 추구한다.
라. 영유아의 자율성과 창의성 신장을 추구한다.
마. 영유아, 교사, 원장, 학부모 및 지역사회가 함께 실현해 가는 것을 추구한다.

3. 표준보육과정의 구성방향

1) 추구하는 인간상

표준보육과정이 추구하는 인간상은 '2019 개정 누리과정'에서 새롭게 제시한 추구하는 인간상을 동일하게 적용하여 변경하였다. 표준보육과정에서 제시한 인간상은 건강한 사람, 자주적인 사람, 창의적인 사람, 감성이 풍부한 사람, 더불어 사는 사람이며, 이는 미래의 핵심역량을 반영한 초 · 중등학교 교육과정의 인간상과 연계되어 있다.

교사는 영유아가 놀이를 통해 인간상을 통합적으로 경험하도록 지원하는 것이 필요하다. 추구하는 인간상은 영유아가 일상에서 놀이하며 배우는 현재의 모습에서 발견할 수 있으며, 동시에 영유아가 앞으로 배우며 성장해 가야 할 모습이기도 하다. 표준보육과정이 추구하는 인간상은 다음과 같다(보건복지부, 2020).

가. 건강한 사람

건강한 사람은 몸과 마음이 고루 발달하고 스스로 건강함을 유지하며, 안정적이고 안전한 생활을 하는 사람을 의미한다.

나. 자주적인 사람

자주적인 사람은 자신을 잘 알고 존중하며, 자신감을 가지고 스스로 할 수 있는 일을 주도적으로 해나가는 사람을 의미한다.

다. 창의적인 사람

창의적인 사람은 주변세계에 열려 있고, 호기심이 많으며, 자기만의 방식으로 상상하고 느끼고 표현하고 탐구하는 가운데 새롭고 독창적인 생각을 하는 사람을 의미한다.

라. 감성이 풍부한 사람

감성이 풍부한 사람은 예술을 사랑하고 존중하며 자신을 둘러싼 주변세계에 경이감과 아름다움을 느끼고 즐길 수 있는 풍부한 문화적 감수성을 지닌 사람을 의미한다.

마. 더불어 사는 사람

더불어 사는 사람은 자신이 속해 있는 사회에 소속감을 느끼고, 다른 사람과 생명을 존중하고 자연과 더불어 살아가며, 보다 나은 사회를 만들기 위해 사회문제에 관심을 갖고 협력하는 민주시민을 의미한다.

2) 목적과 목표

표준보육과정의 목적은 영유아가 놀이를 통해 심신의 건강과 조화로운 발달을 이루고 바른 인성과 민주시민의 기초를 형성하는 데에 있다.

표준보육과정의 목적에서는 “놀이를 통해”라는 표현을 제시하여 영유아기의 고유한 특성을 강조하였다. 또한, 전통적으로 영유아보육에서 강조해 온 ‘심신의 건강’, ‘조화로운 발달’과 ‘민주시민’의 가치를 반영하였다. 인성의 중요성이 사회 전반에 걸쳐 강조되고 있다는 점을 반영하여 이번 개정 표준보육과정의 목적에 ‘바른 인성’을 추가하였다. 표준보육과정의 다섯 가지 목표에서는 추구하는 인간상의 구체적인 내용을 설명하고 있다. 이를 실현하기 위한 목표를 살펴보면 다음과 같다 (보건복지부, 2020).

(1) 0~2세 보육과정 목표

가. 자신의 소중함을 알고, 건강하고 안전한 환경에서 즐겁게 생활한다.
나. 자신의 일을 스스로 하고자 한다.
다. 호기심을 가지고 탐색하며 상상력을 기른다.

라. 일상에서 아름다움에 관심을 가지고 감성을 기른다.
마. 사람과 자연을 존중하고 소통하는 데 관심을 가진다.

(2) 3~5세 보육과정(누리과정) 목표

가. 자신의 소중함을 알고, 건강하고 안전한 생활습관을 기른다.
나. 자신의 일을 스스로 해결하는 기초능력을 기른다.
다. 호기심과 탐구심을 가지고 상상력과 창의력을 기른다.
라. 일상에서 아름다움을 느끼고 문화적 감수성을 기른다.
마. 사람과 자연을 존중하고 배려하며 소통하는 태도를 기른다.

4. 표준보육과정의 운영

1) 편성 · 운영

편성 · 운영은 어린이집에서 영유아 · 놀이 중심 보육과정을 편성하고 운영하기 위해 고려해야 할 공통적 기준을 안내한 것이다. 다음의 사항에 따라 표준보육과정을 편성 · 운영한다(보건복지부, 2020).

가. 어린이집의 운영시간에 맞추어 편성한다.
나. 표준보육과정을 바탕으로 각 기관의 실정에 적합한 계획을 수립하여 운영한다.
다. 하루일과에서 바깥놀이를 포함하여 영유아의 놀이가 충분히 이루어 지도록 편성하여 운영한다.
라. 성, 신체적 특성, 장애, 종교, 가족 및 문화적 배경 등에 따른 차별이 없도록 편성하여 운영한다.
마. 영유아의 발달과 장애 정도에 따라 조정하여 운영한다.

바. 가정과 지역사회와의 협력과 참여에 기반하여 운영한다.
사. 교사연수를 통해 표준보육과정의 운영을 개선할 수 있도록 한다.

2) 교수-학습

교수-학습은 영유아가 즐겁게 놀이하며 스스로 배울 수 있도록 교사가 지원할 때 고려해야 할 사항이다.

표준보육과정에서는 교사를 영유아의 놀이 지원자로 제안하고 있다. 교사는 놀이의 특성, 의미, 가치를 이해하여 영유아가 즐겁게 놀이하면서 배우는 경험을 지원할 수 있다. 교사는 적절하게 환경을 구성하고, 영유아와 바람직한 상호작용을 하여 영유아가 놀이에 몰입하고 놀이를 확장하도록 돕는 역할을 한다. 교사는 다음 사항에 따라 영유아를 지원한다(보건복지부, 2020).

가. 영유아의 의사 표현을 존중하고 민감하게 반응한다.
나. 영유아가 흥미와 관심에 따라 놀이에 자유롭게 참여하고 즐기도록 한다.
다. 영유아가 놀이를 통해 배우도록 한다.
- 놀이를 통한 배움의 이해
- 놀이와 연계한 활동을 통한 영유아의 배움 지원
- 자율성을 바탕으로 영유아의 놀이와 배움 지원

라. 영유아가 다양한 놀이와 활동을 경험할 수 있도록 실내외 환경을 구성한다.
- 다양하고 안전한 실내외 놀이공간 구성
- 풍부한 놀이자료 제공

마. 영유아와 영유아, 영유아와 교사, 영유아와 환경 사이에 능동적인 상호작용이 이루어지도록 한다.
바. 각 영역의 내용이 통합적으로 영유아의 경험과 연계되도록 한다.
사. 개별 영유아의 요구에 따라 휴식과 일상생활이 원활히 이루어지도록 한다.
아. 영유아의 연령, 발달, 장애, 배경 등을 고려하여 개별 특성에 적합한 방식으로 배우도록 한다.

3) 평가

표준보육과정에서 평가는 어린이집에서 영유아가 중심이 되고 놀이가 살아나는 표준보육과정의 운영을 되돌아보고 개선해 가는 과정이다.

표준보육과정은 어린이집에서 영유아 · 놀이 중심 보육과정을 운영하는 데 도움이 되고자 평가를 간략화하고 각 어린이집의 자율적인 평가를 강조하였다. 어린이집은 평가의 목적, 대상, 방법, 결과의 활용을 바탕으로 표준보육과정평가를 자율적으로 실시할 수 있다. 평가는 다음 사항에 중점을 두고 실시한다(보건복지부, 2020).

가. 표준보육과정 운영의 질을 진단하고 개선하기 위해 평가를 계획하고 실시한다.
나. 영유아의 특성 및 변화 정도와 표준보육과정의 운영을 평가한다.
다. 평가의 목적에 따라 적합한 방법을 사용하여 평가한다.
라. 평가의 결과는 영유아에 대한 이해와 표준보육과정 운영 개선을 위한 자료로 활용할 수 있다.

5. 0~1세 영역별 목표 및 내용

1) 기본생활

0~1세 영아는 씻고, 먹고, 자고, 배변하는 등의 일상에 적응하면서 어린이집 생활에 편안함을 느끼게 된다. 0~1세 영아는 어린이집 생활에 익숙해지고 주변 환경에 친숙해지면서 적극적인 탐색 및 놀이를 시도하게 되는데, 위험에 대한 인식은 어려우므로 안전에 대한 성인의 주의와 점검이 필수적이다.

기본생활 영역은 0~1세 영아가 건강하고 안전한 일상생활을 편안하고 자연스럽게 경험하는 것을 목표로 한다. 씻고, 먹고, 자는 등 기본적 욕구를 충족시키는 일상생활은 교사와 영아가 애착을 형성하는 긴밀한 시간이자 영아의 상태나 발달을 점검하는 기회가 될 수 있다. 교사는 영아의 개별적 요구를 수용하고, 영아가 스스로 시도해 볼 수 있도록 안전한 환경과 기회를 마련한다. 또한, 적절한 도움과 격려를 제공하여 영아가 편안하고 자연스럽게 일상을 경험하도록 지원한다(보건복지부, 2020).

(1) 목표

건강하고 안전한 일상생활을 경험한다.

① 건강한 일상생활을 경험한다.
② 안전한 일상생활을 경험한다.

(2) 내용

내용범주	내용
건강하게 생활하기	도움을 받아 몸을 깨끗이 한다.
	음식을 즐겁게 먹는다.
	하루일과를 편안하게 경험한다.
	배변 의사를 표현한다.
안전하게 생활하기	안전한 상황에서 놀이하고 생활한다.
	안전한 상황에서 교통수단을 이용해 본다.
	위험하다는 말에 주의한다.

2) 신체운동

0~1세 영아는 감각적 자극에 반응하는 것으로 시작하여 주변 탐색과 자신의 신체탐색 과정을 통해 자연스럽게 몸의 움직임을 발전시켜 나간다. 이와 같은 탐색을 통한 감각과 신체 인식의 과정은 영아가 자신의 몸을 구성하는 대근육, 소근육을 사용함으로써 조절능력을 키워나가는 데 기초가 된다. 또한, 영아는 다양한 운동을 시도하는 것을 좋아하는데, 이와 같은 기본동작을 포함하는 신체활동은 실내뿐만 아니라 바깥놀이에서도 일어나며, 자신의 몸을 통해 혹은 도구를 사용함으

로써 자연스럽게 경험되어진다. 이를 위해 교사는 0~1세 영아가 편안하게 오감각으로 자극에 반응하고 주변을 다양하게 탐색할 수 있도록 하고, 대소근육을 움직이면서 기본운동을 포함한 실내외 활동에 관심을 가지고 즐길 수 있도록 지원해야 한다(보건복지부, 2020).

(1) 목표

감각으로 탐색하고 신체활동을 즐긴다.

① 감각 탐색을 즐긴다.

② 신체활동을 즐겁게 경험한다.

(2) 내용

내용범주	내용
감각과 신체 인식하기	감각적 자극에 반응한다.
	감각으로 주변을 탐색한다.
	신체를 탐색한다.
신체활동 즐기기	대소근육을 조절한다.
	기본운동을 시도한다.
	실내외 신체활동을 즐긴다

3) 의사소통

0~1세 영아는 적극적 의사소통자로 비언어와 언어를 이용하여 자신의 생각, 느낌, 감정을 표현하고 상대방의 표현과 반응을 보고 들으며 소통한다. 또한, 주변의 그림과 상징에 관심을 갖고, 자유롭게 끼적이기를 즐기며 책과 이야기에도 관심을 갖는다.

의사소통 영역은 일상에서 영아가 자신의 의사를 상대방에게 전달하고, 상대방의 표현을 이해하는 과정에서 다른 사람과 소통하는 다양한 방식을 경험하면서 의사소통의 즐거움을 느끼며 의사소통능력의 기초를 형성하는 것을 목표로 한다. 이를 위해 교사는 0~1세 영아가 자유롭고 편안하게 자신의 의사를 표정, 몸짓, 옹알이, 말소리, 말, 끼적이기 등 다양한 방식으로 표현할 수 있도록 하고, 책과 이야기에 관심을 갖고 자유롭게 즐기는 것을 지원하도록 한다(보건복지부, 2020).

(1) 목표

의사소통능력의 기초를 형성한다.

① 일상생활에서 듣기와 말하기를 즐긴다.

② 읽기와 쓰기에 관련된 관심을 가진다.

③ 책과 이야기에 관심을 가진다.

(2) 내용

내용범주	내용
듣기와 말하기	표정, 몸짓, 말과 주변의 소리에 관심을 갖고 듣는다.
	상대방의 이야기를 들으면서 말소리를 낸다.
	표정, 몸짓, 말소리로 의사를 표현한다.
읽기와 쓰기에 관심 가지기	주변의 그림과 상징에 관심을 가진다.
	끼적이기에 관심을 가진다.
책과 이야기 즐기기	책에 관심을 가진다.
	이야기에 관심을 가진다.

4) 사회관계

0~1세 영아는 자신을 독립된 존재로 인식하기 시작하고, 정서가 다양하게 분화되면서 여러 가지 감정을 느끼게 되고, 기본적인 욕구와 감정을 말과 행동으로 나타낼 수 있다. 0~1세 영아의 사회관계는 가정에서 자신을 돌보아 주는 가족에서 점차 교사와 안정된 애착을 형성하면서, 반에서 함께 생활하는 또래, 교사와 편안

하게 지낼 수 있는 과정으로 확대된다. 따라서 0~1세의 사회관계 영역은 영아가 다른 사람의 행동이나 표정을 보거나 말을 듣고 그 사람에게 주의를 기울이면서 자신과 다른 사람의 감정을 인식함으로써 사회적 상호작용의 기초를 형성하는 것을 목표로 한다.

이를 위해 교사는 0~1세 영아의 자아존중감과 함께 다른 사람과 더불어 생활하는 데 필요한 기초능력을 기르는 데 중점을 두고 영아가 주변의 친숙한 사람들과 긍정적인 관계를 경험하고 어린이집에서 하루일과를 편안하게 지낼 수 있도록 지원해야 한다(보건복지부, 2020).

(1) 목표

나를 인식하고, 친숙한 사람과 관계를 맺는다.

① 나를 고유한 존재로 안다.

② 안정적인 애착을 형성하고, 또래, 교사와 함께 지낸다.

(2) 내용

내용범주	내용
나를 알고 존중하기	나를 인식한다.
	나의 욕구와 감정을 나타낸다.
	나와 친숙한 것을 안다.
더불어 생활하기	안정적인 애착을 형성한다.
	또래에게 관심을 가진다.
	다른 사람의 감정과 행동에 관심을 가진다.
	반에서 편안하게 지낸다

5) 예술경험

0~1세 영아는 자연과 생활 속에서 감각을 통한 자극에 호기심을 가지고 반응하며, 다양한 방법으로 표현하기를 즐긴다. 영아는 자연물, 사물, 환경의 아름다움에 관심을 가지고 즐김으로써 풍부한 정서를 경험한다. 자신과 환경과의 상호작용에서 아름다운 요소를 발견하고 좋아하는 태도를 형성한다. 일상에 대한 긍정적인 태도를 기르고 자신을 둘러싼 대상과 상생하는 즐거움을 경험한다. 영아는 자신의 관심과 경험을 소리나 움직임으로 표현하고, 감각을 통한 미술을 경험하며 익숙한 사람의 행동을 모방하며 이를 반복하는 것을 즐긴다. 영아는 이러한 경험을 통하여 감성을 계발하고 심미감을 형성하며 행복한 일상을 영유하게 된다. 이를 위해 교사는 영아가 익숙한 일상환경에서 호기심을 가지고 주의깊게 바라보며 경험할 수 있도록 지원한다. 또한, 영아가 자신의 경험을 자유롭게 표현할 수 있도록 허용적인 환경을 조성한다(보건복지부, 2020).

(1) 목표

아름다움을 느끼고 경험한다.

① 자연과 생활에서 아름다움에 관심을 가진다.

② 예술적 경험을 표현한다.

(2) 내용

내용범주	내용
아름다움 찾아보기	자연과 생활에서 아름다움을 느낀다.
	아름다움에 관심을 가진다.
창의적으로 표현하기	소리와 리듬, 노래로 표현한다.
	감각을 통해 미술을 경험한다.
	모방 행동을 즐긴다.

6) 자연탐구

0~1세 영아는 주변세계와 자연에 관심을 가지고 끊임없이 알고자 하며 자유롭게 탐색하기를 즐긴다. 0~1세 영아는 자신이 궁금해 하는 것을 직접 보고, 듣고, 맛보고, 만지면서 감각을 통해 확인해 보고자 한다.

자연탐구 영역은 0~1세 영아가 주변 환경과 자연에 관심을 갖고 탐색을 즐기고, 일상생활과 놀이 속에서 자연스럽게 수학적 · 과학적 상황을 경험하며 주변 환경과 자연에 관심을 가지는 것을 목표로 한다.

이를 위해 교사는 0~1세 영아가 안전하고 자유롭게 탐색을 즐길 수 있도록 돕고, 영아가 생활 속에서 자연스럽게 주변의 동 · 식물, 생명, 자연환경에 관심을 가질 수 있도록 지원한다(보건복지부, 2020).

(1) 목표

주변 환경과 자연에 관심을 가진다.

① 일상에서 탐색을 즐긴다.

② 주변 환경을 탐색한다.

③ 생명과 자연에 관심을 가진다.

(2) 내용

내용범주	내용
탐구과정 즐기기	주변세계와 자연에 대해 호기심을 가진다.
	사물과 자연 탐색하기를 즐긴다.
생활 속에서 탐구하기	친숙한 물체를 감각으로 탐색한다.
	물체의 수량에 관심을 가진다.
	주변 공간과 모양을 탐색한다.
	규칙성을 경험한다.
자연과 더불어 살기	주변의 동 · 식물에 관심을 가진다.
	날씨의 변화를 감각으로 느낀다.

6. 2세 영역별 목표 및 내용

1) 기본생활

2세 영아는 어린이집에 등원하여 즐겁게 놀이하면서 일상생활을 경험한다. 식사와 휴식, 낮잠을 통해 에너지를 충전하고, 필요할 때 혼자 칫솔질을 하거나 씻어 보는 시도를 할 수 있으며, 스스로 배변하는 습관을 갖추어 간다. 또한, 2세 영아는 움직임이 활발하고 주변에 대한 호기심이 많으므로 놀이와 일상생활에서 위험 상황에 조심해 보는 경험을 통해 점차 안전에 대한 인식을 키우게 된다. 기본생활 영역은 2세 영아가 건강하고 안전한 생활습관의 기초를 형성하는 것을 목표로 한다.

교사는 위생과 청결, 급 · 간식, 낮잠, 배변 및 안전 경험을 통해 2세 영아가 즐겁고 쾌적하며 안전하게 일과를 보냄으로써 몸과 마음이 더욱 건강해질 수 있도록 지원해야 한다(보건복지부, 2020).

(1) 목표

건강하고 안전한 생활습관의 기초를 형성한다.

① 건강한 생활습관의 기초를 형성한다.

② 안전한 생활습관의 기초를 형성한다.

(2) 내용

내용범주	내용
건강하게 생활하기	자신의 몸을 깨끗이 해 본다.
	음식에 관심을 가지고 즐겁게 먹는다.
	하루일과를 즐겁게 경험한다.
	건강한 배변 습관을 갖는다.
안전하게 생활하기	일상에서 안전하게 놀이하고 생활한다.
	교통수단을 안전하게 이용해 본다.
	위험한 상황에 대처하는 방법을 경험한다.

2) 신체운동

2세 영아는 일상생활에서 감각적 자극을 경험하고 감각기관을 활용하여 감각적 차이를 구분하며, 자신의 신체를 탐색하고 움직이면서 자신의 신체에 대해 인식하고 기본적인 신체 명칭이나 세부적인 신체 명칭에 대해 알아간다. 또한, 2세 영아는 대소근육을 조절하면서 신체의 움직임과 사물에 미치는 영향을 이해하고 걷기와 같은 기본적인 이동운동을 잘할 뿐 아니라 걷기를 기반으로 하는 여러 가지 이동동작(예: 기어가기, 걷기, 옆 구르기 등)과 단순한 비이동 동작을 시도하고 즐긴다.

신체운동 영역은 2세 영아가 감각능력을 활용하고 신체활동을 즐기는 것을 목표로 한다. 이를 위하여 교사는 2세 영아에게 다양한 감각능력을 활용하고 신체의 각 부분을 움직일 수 있는 기회를 제공하고 대소근육을 조절하며, 몸의 균형감각을 기를 수 있는 기본운동과 신체활동을 즐길 수 있는 경험을 지원해야 한다(보건복지부, 2020).

(1) 목표

감각을 활용하고 신체활동을 즐긴다.

① 감각을 활용하고 신체를 인식한다.

② 신체활동을 즐긴다.

(2) 내용

내용범주	내용
감각과 신체 인식하기	감각능력을 활용한다.
	신체를 인식하고 움직인다
신체활동 즐기기	대소근육을 조절한다.
	기본운동을 즐긴다.
	실내외 신체활동을 즐긴다.

3) 의사소통

2세 영아는 의사소통 경험을 통해 일상의 기초적인 어휘를 습득하여 구어로 소통하는 능력이 향상되고 상징과 문자를 읽고 쓰며 문어로 소통하는 방식을 경험한다. 의사소통 영역은 자신의 의사를 다른 사람에게 표현하여 전달하고, 상대방의 이야기를 듣고 말하며, 일상에서 읽기, 쓰기와 관련되는 경험에 관심을 가지며 책과 이야기를 즐기고 상상의 즐거움을 가질 수 있는 경험을 하는 것에 목표를 두고 있다.

교사는 2세 영아가 일상에서 자유롭고 편안하게 상대방에게 표정, 몸짓, 말로 의사를 표현하는 기회를 제공하고, 다른 사람과 소통하는 것을 격려하고, 영아가 읽고 쓰는 데 관심을 가질 수 있는 다양한 그림과 사물의 상징이 담긴 인쇄물 등을 충분히 제공하며, 책과 이야기에서 자유로운 상상을 즐길 수 있도록 지원한다(보건복지부, 2020).

(1) 목표

의사소통능력과 상상력의 기초를 기른다.

① 일상생활에서 듣기와 말하기를 즐긴다.

② 읽기와 쓰기에 관심을 가진다.

③ 책과 이야기에 재미를 느낀다.

(2) 내용

내용범주	내용
듣기와 말하기	표정, 몸짓, 말에 관심을 갖고 듣는다.
	상대방의 이야기를 듣고 말한다.
	표정, 몸짓, 단어로 의사를 표현한다.
	자신의 요구와 느낌을 말한다.

내용범주	내용
읽기와 쓰기에 관심 가지기	주변의 그림과 상징, 글자에 관심을 가진다.
	끼적이며 표현하기를 즐긴다.
책과 이야기 즐기기	책에 관심을 가지고 상상한다.
	말놀이와 이야기에 재미를 느낀다.

4) 사회관계

2세 영아는 자신을 다른 사람과 구별하게 되고, 여러 가지 감정을 표현할 수 있으며, 다른 사람의 감정이나 생각이 자신과 다를 수 있다는 것을 알게 된다. 자신이 좋아하는 것이 생기고, 스스로 선택한 놀이를 해 보면서 고유성과 독특성을 인식하게 된다. 또한, 2세 영아는 가족에게 특별한 애정과 소속감을 느끼며, 또래에게 관심을 보이고 함께 놀이하는 것을 즐거워한다. 자율성과 자기 조절이 증가하고, 사회의 규칙과 약속이 있다는 것을 알게 된다. 따라서 2세 사회관계 영역은 영아가 자신을 독립된 존재로서 자신을 알고 긍정적으로 느끼며, 다른 사람과 더불어 생활하면서 사회관계 형성의 기초를 기르는 것을 목표로 한다.

이를 위해 교사는 2세 영아가 긍정적인 경험과 자기표현을 통해 스스로를 긍정적으로 여기는 데 중점을 두어야 한다. 또한, 친숙한 사람에게 관심을 갖고 애정을 표현하도록 하고, 다른 사람의 감정과 행동에 적절히 반응하고 공감하며, 기본적인 사회적 규칙과 약속을 생활 속에서 자연스럽게 익히고 지키고자 노력하도록 격려하여 다른 사람과 즐겁게 생활할 수 있도록 지원해야 한다(보건복지부, 2020).

(1) 목표

나를 알고, 다른 사람과 더불어 생활하는 경험을 한다.

① 나를 알고 긍정적으로 여긴다.

② 다른 사람과 즐겁게 지내기 위한 태도를 기른다.

(2) 내용

내용범주	내용
나를 알고 존중하기	나와 다른 사람을 구별한다.
	나의 감정을 표현한다.
	내가 좋아하는 것을 한다.
더불어 생활하기	가족에게 관심을 가진다.
	또래와 함께 놀이한다.
	다른 사람의 감정과 행동에 반응한다.
	반에서의 규칙과 약속을 알고 지킨다.

5) 예술경험

2세 영아는 자연과 생활 속에서 경험하는 다양한 감각 자극을 통해 아름다움을 느끼고, 아름다움을 인식하게 된다. 이 경험을 통해 점차 아름다움에 관심을 가지고 찾아보며 표현하기를 즐긴다. 또한, 노래나 리듬을 흥얼거리고 움직임과 춤으로 나타내고, 스스로 다룰 수 있는 재료와 도구로 미술을 즐기며 일상에서 체험한 것을 상상놀이로 표현하며 즐거움을 경험한다.

예술경험 영역은 2세 영아가 일상에서 아름다움을 느끼고 즐기며 이를 통해 자신의 생각이나 느낌을 자유롭게 표현하는 경험을 가지도록 하는 내용이다. 영아는 이러한 경험을 통해 감수성을 계발하고 심미적 태도를 증진시킨다. 이를 위해 교사는 영아가 익숙한 일상에서 접하는 대상과 공간에 주의를 기울여 아름다움을 느낄 수 있도록 충분한 시간과 여유로운 공간을 제공하도록 한다. 또한, 영아가 다양한 예술을 저마다의 방법으로 자유롭게 표현하고 즐기도록 돕고, 이 과정에서 개별 영아의 느낌과 생각, 표현방법을 존중하여 자유롭고 편안한 분위기에서 자신의 생각을 표현하도록 지원한다(보건복지부, 2020).

(1) 목표

아름다움을 느끼고 즐긴다.

① 자연과 생활에서 아름다움을 느끼고 관심을 가진다.

② 예술을 통해 자유롭게 표현한다.

(2) 내용

내용범주	내용
아름다움 찾아보기	자연과 생활에서 아름다움을 느끼고 즐긴다.
	아름다움에 관심을 갖고 찾아본다.
창의적으로 표현하기	익숙한 노래와 리듬을 표현한다.
	움직임과 춤으로 자유롭게 표현한다.
	미술 재료와 도구로 표현해 본다.
	일상생활 경험을 상상놀이로 표현한다.

6) 자연탐구

2세 영아는 호기심을 가지고 주변세계에 대해 다양하고 반복적인 탐색하기를 좋아하며, 주변 환경과 자연세계에 대해 알고자 한다. 2세 영아는 자신이 궁금해 하는 것을 직접 조작해 보고 감각을 통해 확인해 보고자 하며, 주변세계에 대한 감각적 탐색 경험을 통합하여 자기 나름대로 방식으로 재구성하는 시도를 즐긴다.

자연탐구 영역은 2세 영아가 주변 환경과 자연에 호기심을 가지고 다양하게 탐색하기를 즐기고, 놀이와 일상에서 자연스럽게 수학적 · 과학적 상황을 경험하며, 주변의 동 · 식물과 자연에 관심을 가지도록 하는 것을 목표로 한다. 이를 위해 교사는 2세 영아가 실내뿐만 아니라 실외에서도 안전하고 자유롭게 탐색을 즐길 수 있도록 돕고, 영아가 호기심을 가지고 주도적으로 탐색하는 과정을 생활 속에서 자연스럽게 경험할 수 있도록 지원한다(보건복지부, 2020).

(1) 목표

주변 환경과 자연을 탐색하는 과정을 즐긴다.

① 일상에서 탐색하는 과정을 즐긴다.

② 주변 환경에 관심을 가지고 탐색한다.

③ 생명과 자연에 관심을 가진다.

(2) 내용

내용범주	내용
탐구과정 즐기기	주변세계와 자연에 대해 호기심을 가진다.
	사물과 자연을 반복하여 탐색하기를 즐긴다.
생활 속에서 탐구하기	친숙한 물체의 특성과 변화를 감각으로 탐색한다.
	물체의 수량에 관심을 가진다.
	주변 공간과 모양을 탐색한다.
	규칙성에 관심을 가진다.
	주변 사물을 같고 다름에 따라 구분한다.
	생활 도구에 관심을 가진다.
자연과 더불어 살기	주변의 동 · 식물에 관심을 가진다.
	날씨와 계절의 변화를 감각으로 느낀다.

CHAPTER 08

유아교육프로그램

01 프로젝트 접근법

02 레지오 에밀리아 접근법

03 생태교육프로그램

1. 프로젝트 접근법(Project Approach)

프로젝트 접근법은 1920년대와 1930년대 듀이와 킬패트릭(Dewey & Kilpatrick)에 의해 급성장을 보였던 진보주의 철학에서 강조되었던 것이 현대에 이르러 캐츠와 차드(Katz & Chard)가 유아교육에 적용하여 연구결과를 발표하고 체계화함으로써 재조직되었다. 프로젝트 접근법은 그동안 유아교육자들이 꾸준히 강조해 온 유아중심의 통합적 접근으로서 문제해결의 상황을 제공해 주고, 창의력 신장을 위한 기회를 제공해 주며, 유아의 흥미와 자연스러운 상황 속에서 교육이 이루어지도록 한다(안경숙 · 정연희, 2007).

프로젝트 접근법의 역사와 정의, 프로젝트 접근법의 목적, 프로젝트 접근법의 특성, 프로젝트 주제의 선정, 프로젝트의 단계를 살펴보면 다음과 같다(안경숙 · 정연희, 2007; 지옥정, 1997; 하순련, 2008).

1) 프로젝트 접근법의 역사와 정의

프로젝트 접근법은 1919년 킬패트릭의 「프로젝트법(The Project Method: The use of the purposeful act in the educative process)」라는 제목의 논문 발표에서 유래되었다. 킬패트릭의 프로젝트법은 듀이의 철학을 알기 쉽고 적용하기 쉽게 발전시킨 것으로 프로젝트의 본질을 '전심을 다하는 유목적적 활동'이라고 정의하였다. 그는 목적설정 과정에 학습자가 능동적으로 참여함으로써 프로젝트 진행과정에서 학습자 스스로가 주체적인 역할을 수행하고 스스로 내적 동기화되어 활동에 전념하게 된다고 강조하였다.

1989년 캐츠와 챠드는 듀이의 이론을 바탕으로 킬패트릭이 체계화한 '프로젝트법'을 '프로젝트 접근법(Project Approach)'이라는 용어로 재조직하여 사용하게 되었다. 프로젝트 접근법에서 '프로젝트'는 '한 명 또는 그 이상의 유아가 전심을 다하여 실행하는 특정 주제에 대한 깊이 있는 탐구'라고 정의된다(Katz & Chard, 1989).

2) 프로젝트 접근법의 목적

프로젝트 접근법의 최종 목적은 '유아의 정신(mind) 계발'에 있다. '정신'이란 지식, 기술뿐 아니라 정서적 · 도덕적 · 심미적인 감수성까지 포함하는 개념이다. 프로젝트의 목적을 구체적으로 살펴보면 다음과 같다(안경숙 · 정연희, 2007; 지옥정, 1997).

첫째, 유아가 주변세계를 이해하고, 지식을 습득하도록 돕는다. 직접적 경험이나 행동을 통해 얻게 되는 행동적 지식, 원리나 개념을 말이나 글로 설명하거나 그림으로 표현하는 표상적 지식이 이에 속한다.

둘째, 유아가 기술을 습득하도록 돕는다. 차례 지키기, 협상하기, 문제해결방안 세우기와 같은 사회적 역량, 자기표현, 타인과의 상호작용과 같은 의사소통능력, 읽기, 쓰기, 셈하기와 같은 학문적 기술 등이 이에 속한다.

셋째, 유아가 바람직한 학습성향을 계발하도록 돕는다. '문제가 생겼을 때 적극적으로 해결하고자 하는 성향', '호기심을 가지고 탐구하려는 성향', '계속적으로 학습하고자 하는 성향' 등이 이에 속한다.

넷째, 유아가 긍정적인 느낌을 발달시키도록 돕는다. 유아가 자기 자신을 능력 있고 가치 있는 존재로 여기고 소속된 집단에서 자신이 필요한 존재라고 느끼는 것이 이에 속한다.

3) 프로젝트 접근법의 특성

캐츠와 차드(Katz & Chard, 1989)는 듀이의 아동중심 교육철학과 킬패트릭의 프로젝트법(The project method), 영국의 주제중심학습방법(topic method), 비고츠키의 사회문화이론, 가드너의 다중지능이론 등을 토대로 프로젝트 접근법의 특성을 제시하였다(안경숙 · 정연희, 2007; 지옥정, 1997; 하순련, 2008).

첫째, 프로젝트 접근법은 학습자의 지식, 기술, 성향, 느낌의 계발을 모두 강조하는 학습자의 전인적 성장을 지향한다.

둘째, 유아의 일상생활 경험, 지식, 흥미를 바탕으로 교사와 유아 간 협의를 통해 프로젝트 주제를 선정하고 주제망을 작성한다.

셋째, 유아가 직접 지식의 탐구, 활동의 조직, 문제해결, 기록화의 과정을 경험하도록 한다.

4) 프로젝트 주제의 선정

프로젝트의 주제는 유아의 일상생활 경험, 지식, 흥미를 바탕으로 교사와 유아간 협의를 통해 선정된다. 선정 가능한 주제들의 예를 살펴보면 다음과 같다.

- 유아의 일상생활, 이전경험과 관련된 친숙한 주제: 반려동물, 장난감 등
- 유아의 흥미에서 비롯된 주제: 공룡, 결혼식
- 일상생활에서 문제 발생으로 인한 주제: 역할놀이 영역 커튼 달기, 옷에 묻은 과일물 빼기
- 주변에서 자원을 구하기 쉬운 주제: 쌀(농촌), 책(도서관, 서점)
- 여러 교과영역을 통합적으로 다룰 수 있는 주제: 우리 가족, 나, 계절
- 부모 및 지역사회와의 연계가 가능한 주제: 시장(상가 주변 가게), 우리 동네 기관(병원, 우체국, 은행, 소방서 등)
- 교사에게도 흥미로운 주제: 옷

5) 프로젝트의 단계

프로젝트 접근법은 크게 준비단계, 시작단계, 전개단계, 마무리단계의 4단계의 과정으로 진행된다. 다음은 프로젝트의 4단계를 간략히 정리해 놓은 표이다.

프로젝트의 단계	내용
준비단계	예상주제망 구성, 예상활동망 구성, 자원목록 작성
시작단계	브레인스토밍, 유목화, 주제망 구성, 질문목록 작성
전개단계	유아의 질문을 바탕으로 한 조사, 탐구, 현장견학, 표상활동, 교사계획 통합활동
마무리단계	전시 및 발표회

다음은 '옷' 프로젝트의 진행단계를 표로 작성한 예이다.

프로젝트의 단계	단계별 구성내용	세부내용
프로젝트의 준비단계	예상주제망 구성	• '옷'에 대한 교사의 브레인스토밍, 유목화, 예상 주제망 구성
	예상활동망 구성	• '옷'에 대한 교사의 예상활동망 구성
	자원목록 작성	• '옷'에 대한 1차적 자원과 2차적 자원목록 구성 및 자료준비
프로젝트의 시작단계	이전경험 나누기	• '옷'에 대한 이전경험 이야기나누기, 동시, 그림으로 표현하기
	주제망 구성	• '옷'에 대한 유아들의 브레인스토밍, 유목화, 유아-교사 간 공동주제망 구성
	질문목록 작성	• '옷'에 대한 유아들의 질문목록 작성
프로젝트의 전개단계	조사활동	• 자기가 만들고 싶은 옷 조사 • 옷감이 만들어지는 과정
	탐구활동	• 실험- 옷감을 물들이는 방법
	현장견학	• 옷수선가게 · 세탁소 견학
	표상활동	• 만들 옷 디자인하기, 종이로 옷 만들기
	통합활동	• 언어 – 「옷을 바꿔 입어요」 동시 감상 • 수 – 비옷과 털점퍼 비교 벤다이어그램 • 미술 – 포도즙으로 수건 염색하기 – 잡지에서 옷 오려 꾸미기
프로젝트의 마무리단계	전시 및 발표	• '옷' 프로젝트 전개과정의 기록물 및 그림자료 등 전시 • 만든 옷 소개하기 • 만든 옷 입고 패션쇼하기

'옷' 프로젝트를 바탕으로 프로젝트의 4단계를 설명하면 다음과 같다.

(1) 프로젝트의 준비단계

가. 예상주제망 구성

교사가 '옷' 주제에 대한 개념이나 생각들을 망의 형태로 구성한다.

❶ 브레인스토밍

교사가 '옷' 주제에 대해 생각들을 떠오르는 대로 적어본다. 이때 포스트잇을 사용하여 생각나는 것을 적어 넣을 수 있다.

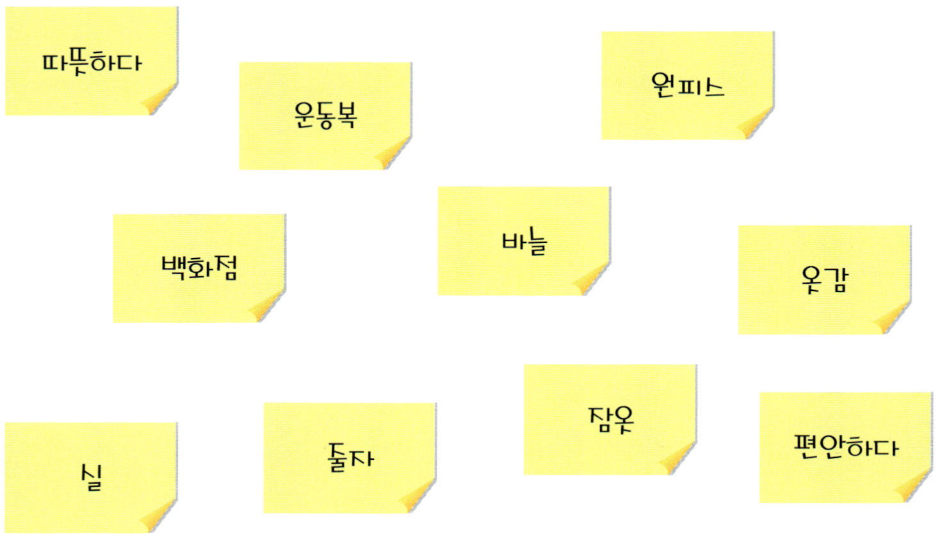

❷ 유목화

브레인스토밍을 통해 작성한 단어들을 유사한 것끼리 분류한 후 그 집단에 제목을 붙여 준다.

잠옷	시원하다	실	인터넷쇼핑몰
치마	예쁘다	바늘	옷가게
운동복	부드럽다	재봉틀	백화점
바지	따뜻하다	가위	상가
정장	간지럽다	골무	할인매장
옷의 종류	옷의 느낌	옷 만드는 도구	옷 파는 곳

❸ 주제망 구성

가운데에 주제명을 적는다. 이를 중심으로 방사선형으로 줄을 그은 후 유목화된 각 집단의 제목(소주제)을 원, 타원, 네모 안에 적는다. 또는 소주제를 중심으로 방사선형으로 줄을 그은 후 그에 속한 단어들을 나열한다.

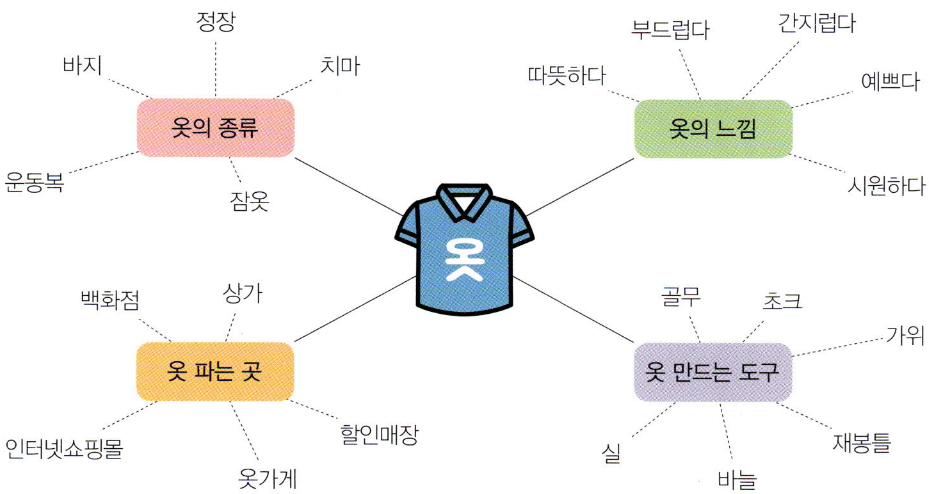

교사가 작성한 '옷' 주제망

나. 예상활동망

주제망 작성이 끝나면 이를 기초로 유치원 교육과정과의 조화를 위해 언어, 수, 과학, 조작, 음률, 미술, 신체표현, 현장견학 등의 활동 영역별 예상활동망을 구성해 보는 것이 필요하다.

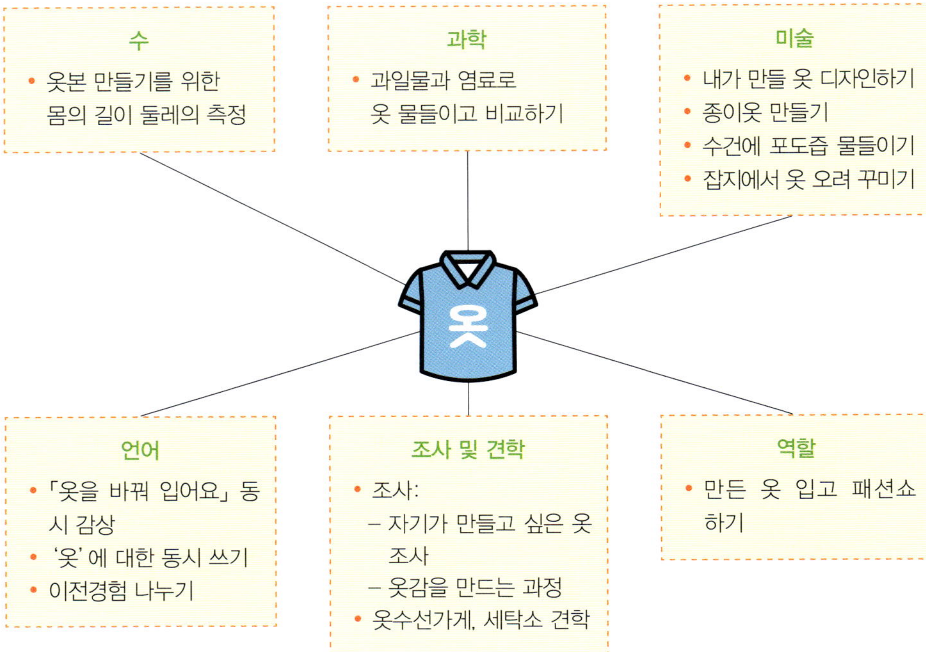

'옷' 예상활동망

다. 자원목록표 작성

'옷' 프로젝트 활동에 필요한 자료를 다음과 같이 1차적 자원과 2차적 자원으로 나누어 작성하고 미리 준비해 놓는다.

'옷' 자원목록표

1차적 자원	실물	마네킹, 재봉틀, 실, 옷감
	사람	의상디자이너, 옷가게 주인, 세탁소 주인
	현장견학 장소	옷가게, 세탁소, 옷수선가게
2차적 자원	정보제공용 책	여러 가지 패션잡지
	동시자료	옷을 바꿔 입어요
	사진자료	각 상황에 맞는 옷 사진
	팸플릿	옷 광고지, 카탈로그
	동영상 자료	패션쇼 동영상

(2) 프로젝트의 시작단계

가. 이전경험 나누기

유아들은 말과 글을 통한 언어적 표현과 그림을 통한 표현으로 '옷'에 대한 이전경험을 나누고자 하였다. 유아들의 '옷'에 대한 이전경험 표현을 위한 동기유발을 위해 사전 활동으로 교사는 「옷을 바꿔 입어요」 동시를 유아들에게 소개하였다.

옷을 바꿔 입어요

정연희

짱짱 햇님이 따뜻한 날에는
빨간 딸기 원피스를 입고요

톡톡 빗방울이 떨어지는 날에는
노란 병아리 비옷을 입지요

풍덩 물에서 헤엄치는 날에는
파란 돌고래 수영복을 입고요

펑펑 흰 눈이 내리는 날에는
하얀 털오버를 입지요

❶ 말과 글을 통한 언어적 표현

- 말을 통한 언어적 표현

말을 통한 언어적 표현은 한 유아가 주제와 관련된 이전경험을 다른 유아에게 이야기 나누는 과정을 통해 이루어진다. 이 과정에서 유아들의 관심과 의문을 반영하여 이후 프로젝트 전개 시 통합적인 활동으로 연계할 수 있다.

'옷'에 대한 이전경험에 대한 이야기 중 한 유아가 포도를 먹다가 새로 산 옷에 포도즙이 묻어 안 지워져서 엄마한테 혼난 이야기를 하였고 질문으로 '포도에는 왜 안 지워지는 물이 있어요?'라고 하여 포도즙과 염료를 사용하여 물들여지는 정도를 비교해 보는 실험과 포도물로 수건을 물들여 보는 미술활동으로 활동을 전개하였다.

• 글을 통한 언어적 표현

글을 통한 언어적 표현은 유아가 이전경험에 대해 이야기 나누고 자신의 경험을 글로 표현하면서 주제에 대한 개념을 보다 구체화할 수 있다.

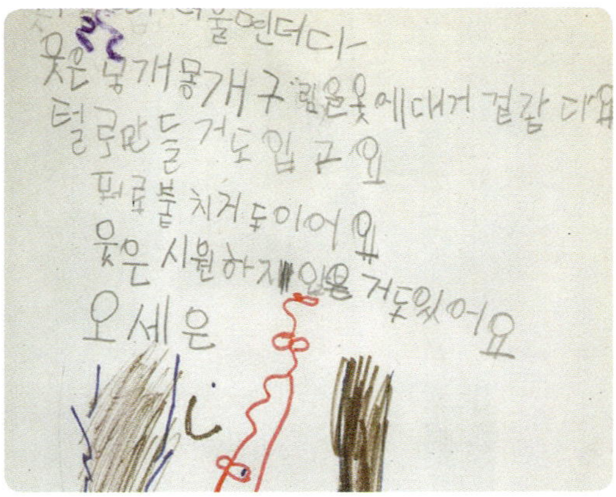

옷에 대한 동시에 나타난 유아들의 생각

유아들은 「옷을 바꿔 입어요」 동시를 듣고 옷과 관련된 이전경험에 대해 이야기를 나눈 후 '옷'과 관련된 동시로 자신의 생각을 표현해 보았다. 동시에서 옷의 재료(털로 만든다), 옷의 기능(시원하다), 옷에 대한 느낌(뭉게뭉게 구름을 대어 놓은 것 같다) 등 유아의 이전경험을 바탕으로 한 여러 가지 옷에 대한 생각을 알 수 있다.

❷ 그림을 통한 표현

옆의 그림으로 표현한 유아는 「옷을 바꿔 입어요」 동시를 듣고 자기 옷장에 있는 옷들을 그리고 친구들에게 소개하였다. 주로 치마를 즐겨 입는다고 자신의 옷에 대한 선호도도 이전경험 나누기를 통해 친구들과 공유하고자 하였다.

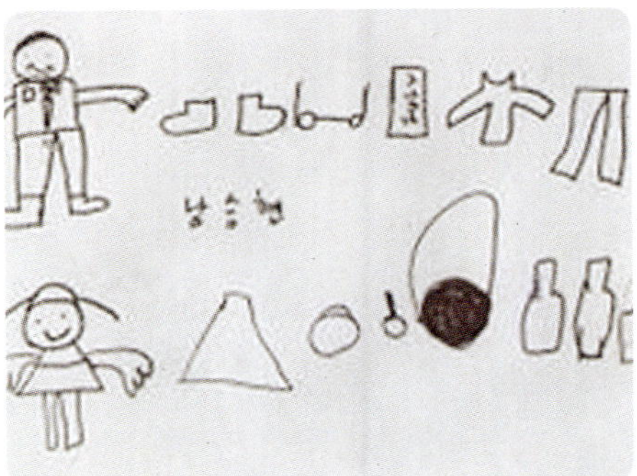

옆의 그림으로 표현한 유아는 남아로서 남자는 와이셔츠, 넥타이, 바지를 입은 것으로, 여자는 치마를 입은 것으로 표현을 하였다. 성별에 따른 옷에 대한 구분뿐만 아니라 남자는 구두, 안경, 옷을 사기 위한 신용카드 등을, 여자는 귀걸이, 화장품, 핸드백 등의 옷과 어울리는 액세서리와 부속품 등을 표현하였다.

나. 주제망 구성

❶ 브레인스토밍

유아들과 '옷'에 대한 이전경험 나누기가 끝난 후 한 유아 당 10~20장 정도의 포스트잇을 나눠 주고 옷에 대한 자신의 생각을 떠오르는 대로 포스트잇 한 장에 한 단어씩 적어 보거나 그려 보도록 한다. 유아들의 '옷'에 대한 브레인스토밍 내용을 보면 다음과 같다.

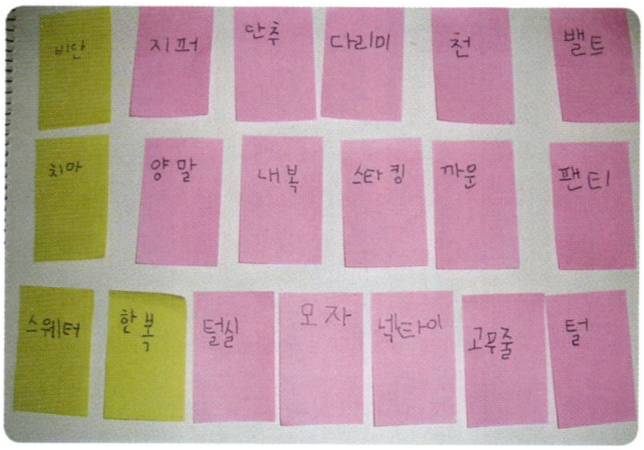

포스트잇을 사용한 브레인스토밍의 예

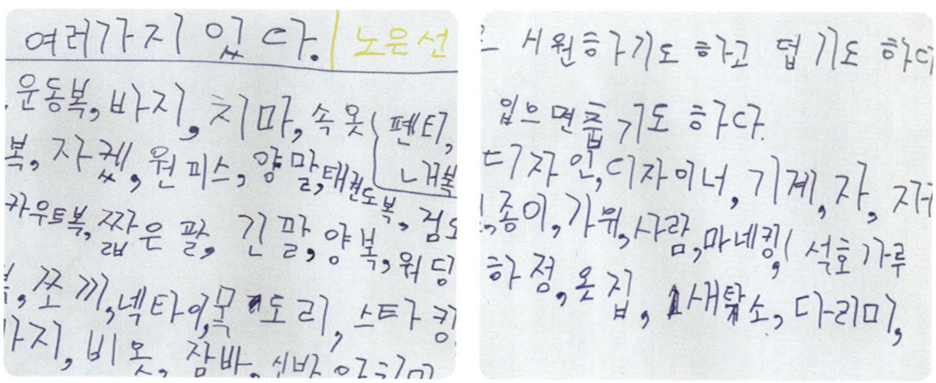

종이에 적은 브레인스토밍의 예

❷ 유목화

유아들이 브레인스토밍을 통해 적어 놓은 포스트잇들을 비슷한 것끼리 모아서 다른 포스트잇에 적합한 제목(소주제)을 적어 보도록 한다.

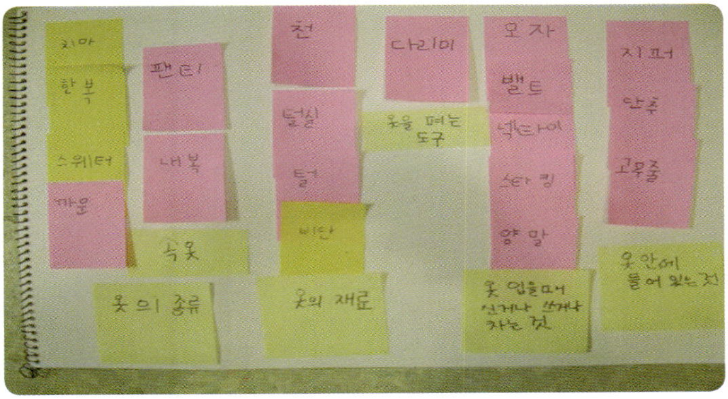

포스트잇을 사용한 브레인스토밍의 예

❸ 유아-교사 간 공동 주제망 구성

가운데에 주제명을 적는다. 이를 중심으로 방사선형으로 줄을 그은 후 유목화된 각 집단의 제목(소주제)을 원, 타원, 네모 안에 적는다. 또는 소주제를 중심으로 방사선형으로 줄을 그은 후 그에 속한 단어들을 나열한다. 이때 교사가 미리 작성한 주제망의 내용과 유아가 유목화한 내용 중 공통적인 것과 다른 것을 정리하여 공동주제망을 구성해 본다. 유아-교사 간 공동 '옷' 주제망을 구성해 본 결과, 옷의 재료, 옷의 부속품, 옷과 함께 착용하는 것 등 소주제에 대한 유아의 생각들이 추가되었다.

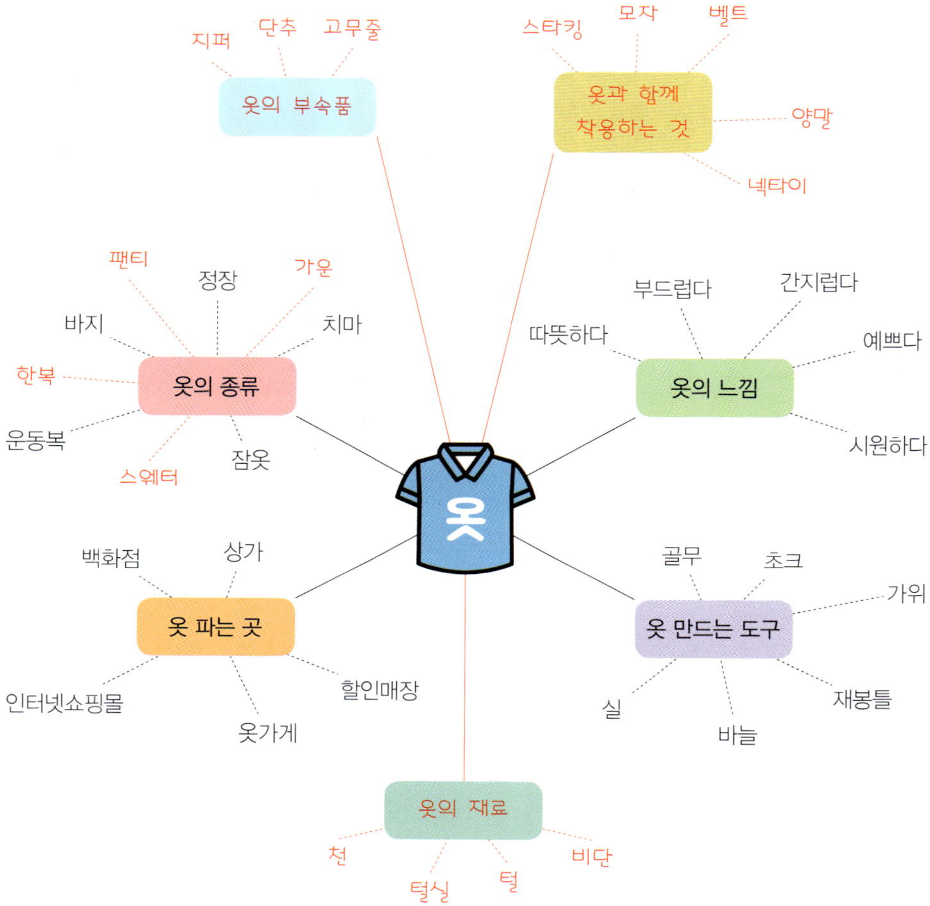

※ 빨간색 부분이 유아의 생각이 추가된 부분임

유아-교사 간 공동주제망

다. 질문목록 작성

유아들의 질문은 프로젝트 활동의 전개 전에 주로 작성하도록 하나 프로젝트 활동과정 중에도 궁금한 점을 적어 보도록 하고 어떻게 해결할 수 있을지 이야기 나눈 후 활동을 전개하도록 한다. 프로젝트 활동을 통해 나온 유아들의 '옷'에 대한 질문과 활동방법은 다음과 같다.

유아들의 질문	활동의 전개
옷은 어떻게 만드나요?	• **현장견학**: 옷가게, 옷수선가게, 세탁소 방문 • **전문가 초대**: 디자이너, 옷수선 전문가, 수제 옷 제작 경험 학부모 • **조사**: 팸플렛이나 카탈로그, 인터넷 등으로 '내가 만들고 싶은 옷' 찾아보기 • **미술**: '내가 만들고 싶은 옷' 디자인하기 • **조형**: '내가 만들고 싶은 옷' 만들기
왜 털로 옷을 만드나요? 비단은 어디서 구하나요?	• **조사**: 인터넷, 책, 전문가 인터뷰 • **이야기나누기**: 교사가 준비한 책 또는 PPT자료를 통한 정보제공
포도에는 왜 지워지지 않는 물이 있어요?	• **실험**: 포도즙 외 유아가 선택한 재료로 수건 물들이기 • **미술**: 포도즙과 실을 활용하여 옷감 물들이고 다양한 무늬 만들기

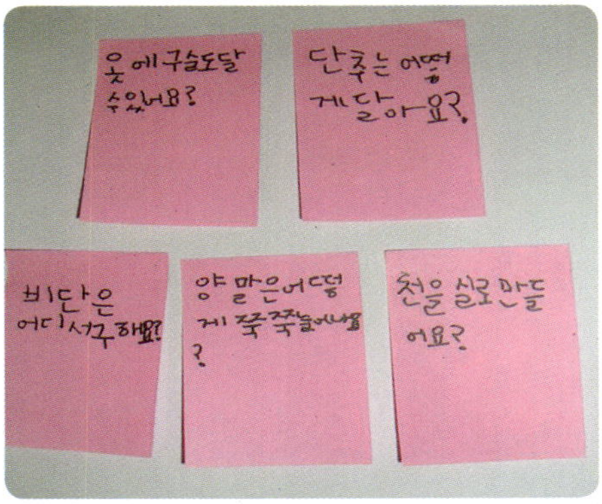

'옷'에 대한 유아들의 질문

(3) 프로젝트의 전개단계

프로젝트의 전개단계에서는 질문목록을 중심으로 한 조사활동, 탐구활동, 표현 및 구성활동, 극놀이활동, 교사계획 통합활동이 있다.

조사활동과 탐구활동은 여러 가지 실물자원, 현장견학, 전문가 초대, 책, 인터넷 등을 통해 이루어진다.

조사활동에는 전문가나 주변인 인터뷰, 책이나 인터넷 찾아보기, 현장견학 등의 활동이 있다.

시장 프로젝트를 위한 현장견학

강아지 프로젝트를 위한 전문가 초대

탐구활동에는 여러 가지 사물이나 생물 관찰 및 탐색하기, 여러 가지 사물을 조작하고 실험해 보기 등의 활동이 있다.

햇빛을 가리고 키운 콩나물과 햇빛을 비추어 키운 콩나물을 비교하고 있는 유아

표현 및 구성활동은 언어적 표현(말과 글), 수학적 표현, 미술활동, 조형활동, 신체표현 등의 활동이 있다. 현장견학이나 전문가의 방문활동을 기초로 유아들은 주제에 대한 경험과 지식을 다양한 표현유형에 따라 표상할 수 있다.

- 언어적 표현의 예

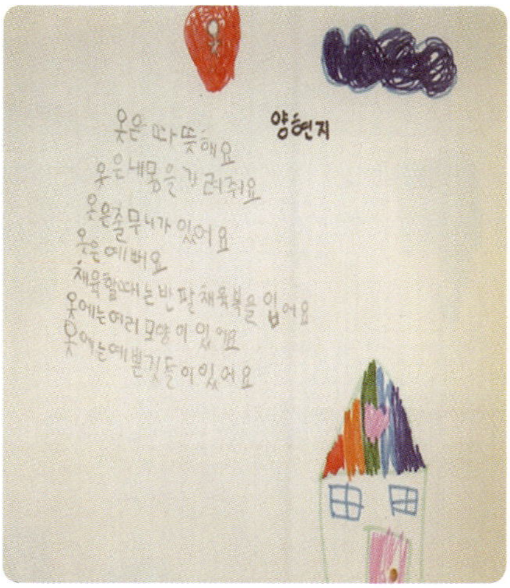

옷

양현지

옷은 따뜻해요
옷은 내 몸을 가려줘요
옷은 줄무늬가 있어요
옷은 예뻐요
체육할 때는 반팔 체육복을 입어요
옷에는 여러 모양이 있어요
옷에는 예쁜 것들이 있어요

옷의 기능, 옷의 무늬, 상황에 적합한 옷, 옷에 대한 느낌 등 유아의 생각이 담긴 동시

- 수학적 표현의 예

강아지 12 마리

이정규

우리집에 강아지 3마리
살 강아지 9 마리

사슴반 열림유치원

- 미술 및 조형활동

근린공원 산책 후 다양한 재료로
봄동산 꾸미기를 하고 있는 유아들

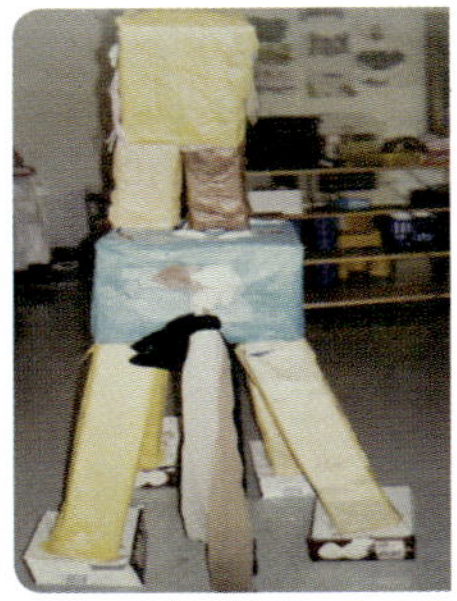

재활용박스를 사용하여 말을 구성한 유아들

- 신체표현

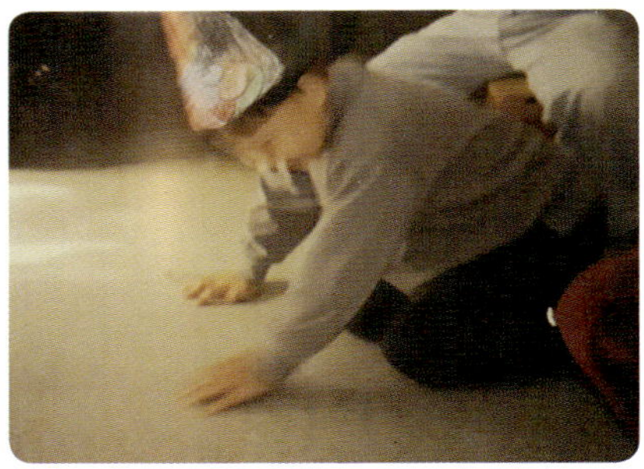

강아지 가면을 쓰고 다양한 강아지의 행동과 표정을 표현하고 있는 유아들

극놀이활동은 프로젝트 주제와 연관된 역할을 유아들이 직접 해 보는 것으로 유아들이 극놀이의 순서나 주요사항을 계획하고 극놀이 소품이나 배경 등 제작에 참여할 수 있다. 다음은 결혼식 프로젝트를 위한 계획, 소품 제작, 극놀이활동의 예이다.

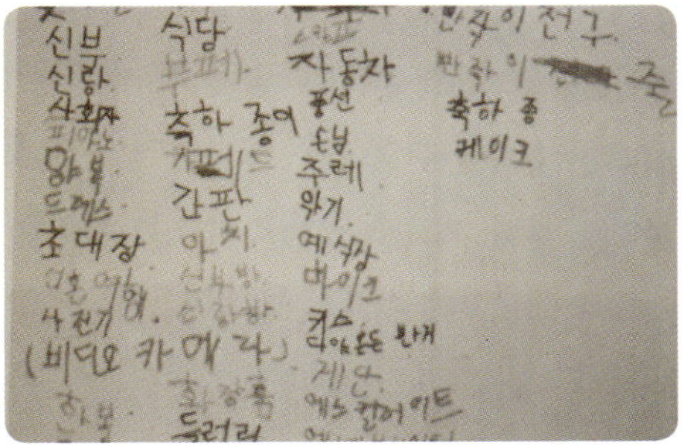

결혼식 준비를 위해 필요한 것

결혼식 초대장 만들기

결혼식장 꾸미기

모의 결혼식

교사계획 통합활동은 프로젝트 시작 전 준비단계에서 교사가 계획한 예상활동 중 유아의 질문이나 프로젝트 활동을 촉진하는 데 도움이 된다고 판단되는 활동을 제공하는 것과 프로젝트 전개과정 중 유아의 질문을 바탕으로 프로젝트 활동을 지원하기 위해 새로운 활동을 추가로 제공하는 것 등이 속한다.

'옷' 프로젝트를 중심으로 조사활동, 탐구활동, 표현활동, 교사계획 통합활동을 구체적으로 살펴보면 다음과 같다.

가. 조사활동

❶ 현장견학 및 전문가 초대

현장견학 및 전문가 초대는 유아들의 질문목록을 토대로 하여 현장견학을 하거나 전문가를 초대하여 유아들의 의문점을 해결하도록 하는 것이다.

현장견학이나 전문가 초대 전에 유아들의 궁금한 점을 미리 적어 질문목록을 작성하여 현장방문이나 초대한 전문가와의 면담을 통해 의문을 해결하도록 한다. 미리 준비한 질문뿐만 아니라 현장방문 또는 면담과정 중 발생한 궁금증도 풀 수 있도록 교사는 충분한 시간을 계획하고 참여한 유아들에게 골고루 기회가 갈 수 있도록 한다.

다음은 '옷' 프로젝트의 수행을 위해 유아들이 퀼트전문점, 옷수선가게, 세탁소 등을 방문한 예이다.

❷ 책, 잡지, 카탈로그, 인터넷에서 내가 만들고 싶은 옷 찾아보기

나. 탐구활동

탐구활동은 유아들의 질문을 해결하기 위해 관찰, 탐색, 실험 등의 활동을 하는 것이다.

다음은 옷에 대한 이전경험 나누기에서 발생한 "포도에는 왜 지워지지 않는 물이 있어요?"라는 유아의 질문을 바탕으로 유아들이 실험재료, 실험절차 등을 토의하여 결정하고 실험한 예이다.

'포도즙, 아이스크림, 김치국물, 간장 중 어떤 것이 수건을 물들일 수 있을까?'에 대한 실험

다. 표현활동

❶ 그림- 내가 만들 옷 디자인하기

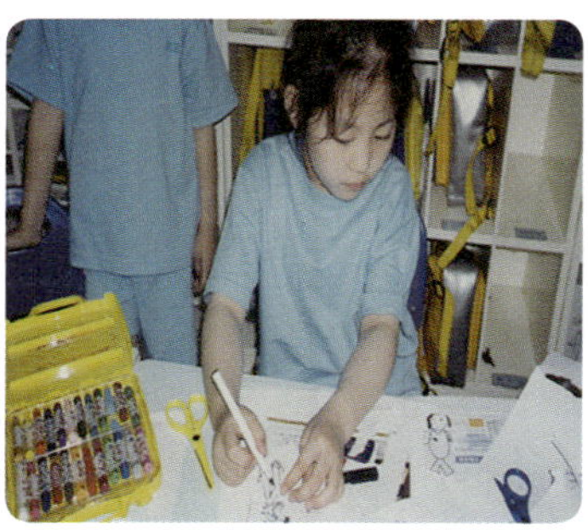

❷ 수학활동- 몸의 치수를 재어 측정한 길이를 종이에 표시하기

❸ 조형활동- 치마, 민소매 옷 만들기

- 치마 만들기

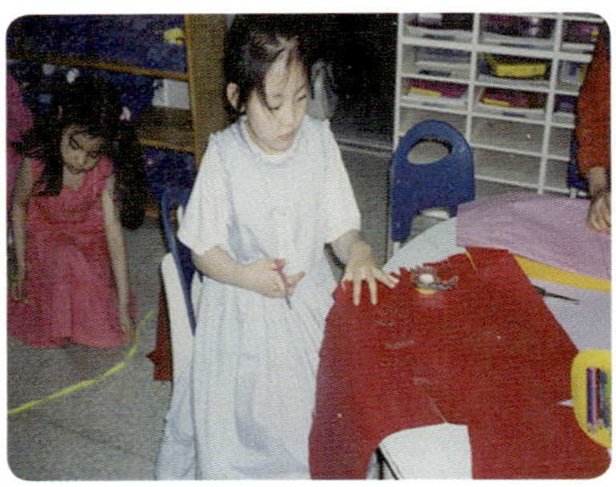

색지 자르고 장식하기

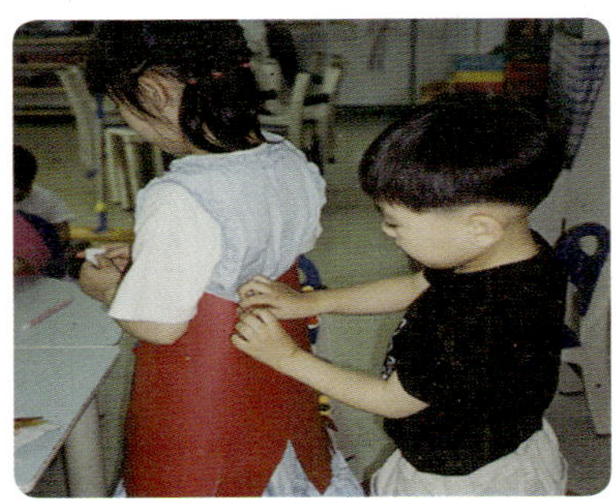

몸에 맞게 수정하기

● 민소매 옷 만들기

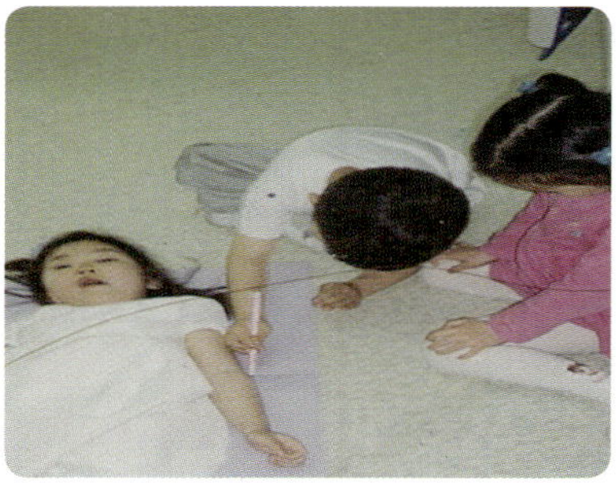

옷본 만들기

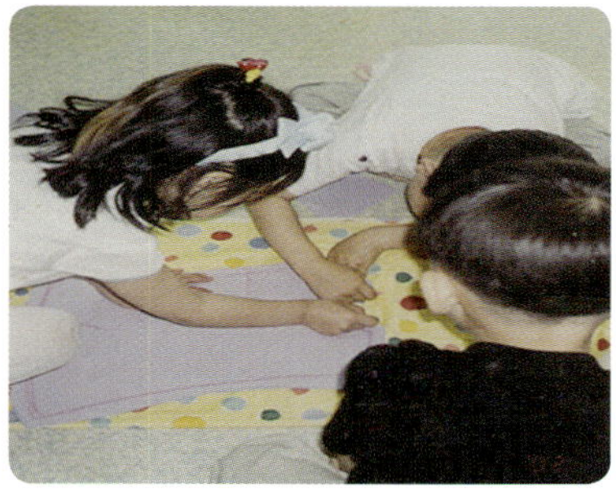

옷본 대고 그리기

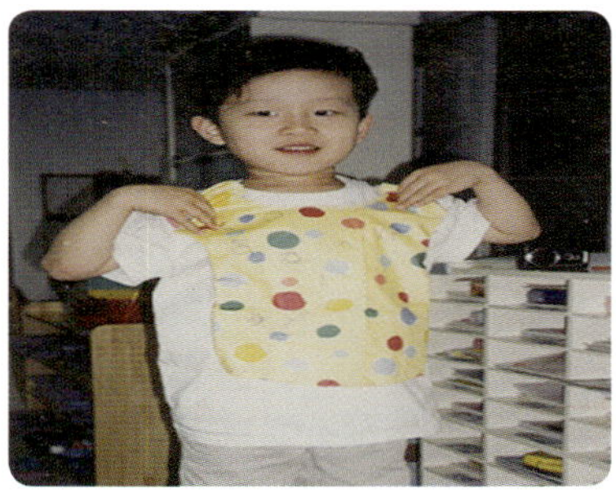

완성

유아들의 옷 만드는 과정 평가

- 치마의 경우 밑단을 허리둘레와 똑같이 두어 밑단이 모자라게 되었다.
- 민소매 옷의 경우 유아들은 옷본을 뜬 그대로 천을 오렸기 때문에 결국 완성된 옷은 터무니없이 작아졌다.
- **문제해결을 위한 토론**: 치마는 밑단이 왜 모자라는지, 민소매 옷은 왜 이렇게 작아졌는지 유아들과 토론해 보는 시간을 갖고 옷을 맞게 만들기 위해서는 어떻게 해야 하는지 이야기해 보고 전문가의 도움을 받기로 하였다. 추후 전문가인 학부모의 도움을 받아 실제 옷을 만들어 보는 심화된 활동으로 전개하면 좋을 듯하다.

라. 교사계획 통합활동

❶ 언어활동- 동시 짓기

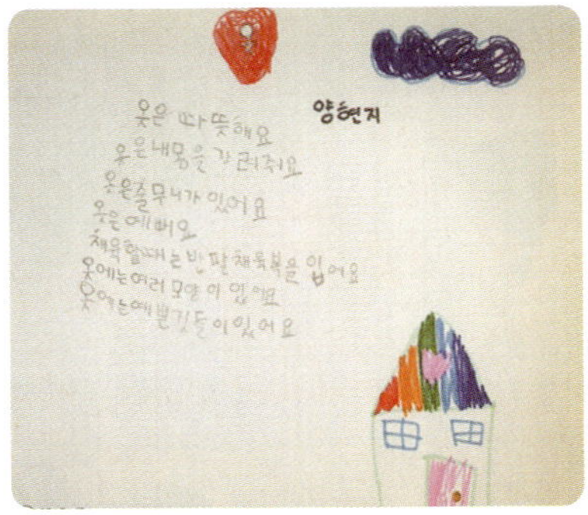

옷의 기능(따뜻하다, 내 몸을 가려 준다), 옷의 무늬(줄무늬), 상황에 적합한 옷(체육할 때는 체육복을 입는다), 옷의 느낌(예쁘다) 등 동시에 옷에 다양한 유아의 생각이 들어가 있음을 알 수 있다.

❷ 미술활동- 카탈로그에서 옷 오리고 꾸미기, 포도즙으로 수건 염색하기

- 카탈로그에서 옷 오리고 꾸미기

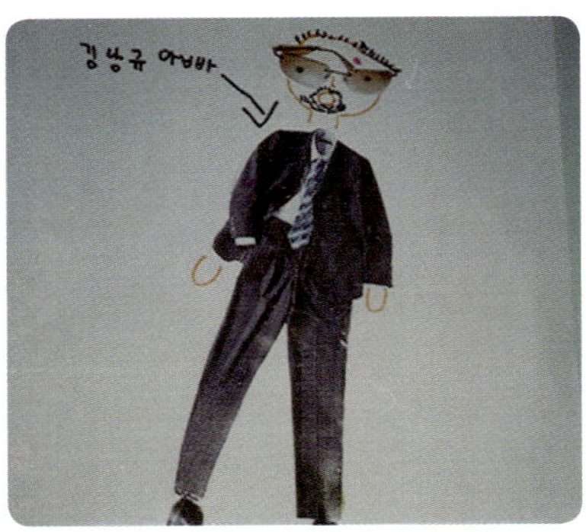

옷을 입는 사람의 성별에 따라 옷의 부속품을 조화롭게 매치하는 유아의 표현력이 돋보인다. 특히, 아빠의 턱수염 표현이 재미있다.

- 포도즙으로 수건 염색하기

"포도에는 왜 지워지지 않는 물이 있나요?"라는 유아의 질문을 염색하기 활동으로 연계하였다 .

❸ 수학활동- 옷 비교 벤다이어그램

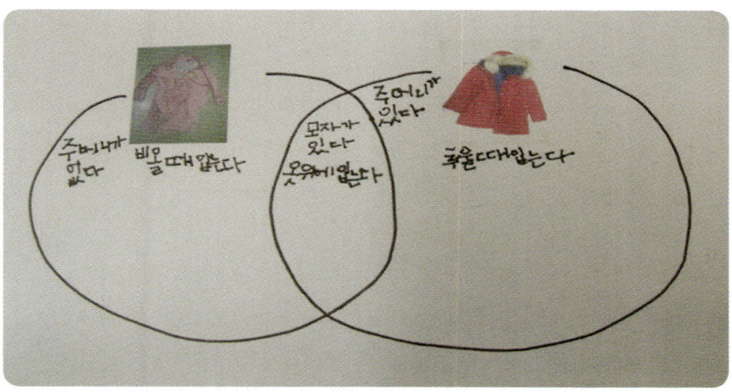

비옷과 털점퍼의 공통점과 차이점을 비교한 벤다이어그램

(4) 프로젝트 마무리단계

프로젝트 전개단계에서 이루어졌던 모든 활동이 끝나면 마무리 행사를 통해 그 동안 활동을 회상하고 평가해 보는 단계이다. 마무리단계에서 하는 주요활동으로는 발표와 전시가 있다.

발표와 전시는 프로젝트의 시작 및 전개과정에서 나온 기록물과 결과물들을 모아 특별한 자리를 마련하고 다른 사람들에게 보여 주고 설명하는 것이다. 옷 프로젝트에서는 발표를 패션쇼의 형태인 극놀이로 표현하였고, 전시는 유아들이 입고 싶은 옷을 공동작업으로 전신 그림을 그려 반 바깥벽에 전시하였다.

- 발표– 패션쇼

'옷' 프로젝트에서는 유아들이 만든 옷을 입고 패션쇼를 하면서 프로젝트를 마무리하였다.

• 전시– '유아들이 입고 싶은 옷' 전신 그림 공동작품 전시

유아들은 공동작업으로 자신들이 입고 싶은 옷을 전신 그림으로 표현하였다. 여아들은 일상적으로 입는 일상복을, 남아들은 마블 히어로들이 입는 옷을 입고 싶은 옷으로 표현하였다. 유아들이 입고 싶은 옷을 전신 그림으로 표현한 후 자신들이 원하는 곳에 붙이고 참여한 유아의 이름과 색종이와 색지를 활용해 오린 장식물들을 함께 붙여 전시하였다.

2. 레지오 에밀리아 접근법(Reggio Emilia Approach)

어린이는 친구를 가질 권리가 있다.
그렇지 않으면 어린이들은 잘 자라지 않는다.

어린이는 평화롭게 살 권리가 있다.
평화롭게 산다는 것은 우리 모두 함께 살고,
우리가 관심 있는 것에 집중하고,
친구를 사귀고, 날아다니는 것에 대해 생각하고,
꿈꿀 수 있다는 것을 의미한다.

만약, 어린이가 잘 모르면 실수할 권리가 있다.
문제와 자신이 한 실수를 보면 알게 되니까 괜찮다.

이탈리아 레지오 에밀리아 다이아나 유치원 어린이들의
'어린이권리' 선언문(1990)

출처: 김희진 · 오문자 역 (1996). 캐롤린 에드워즈 · 렐라간디니 · 조지 포먼 편저. 레지오 에밀리아의 유아교육. 정민사. pp.197-198.

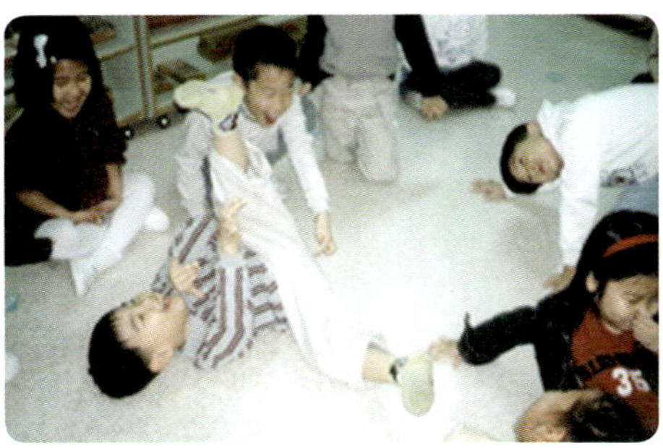

레지오 에밀리아(Reggio Emilia)는 이탈리아 북부의 에밀리아 로마냐 지역에 있는 시의 이름이다. 레지오 에밀리아 접근법(Reggio Emilia Approach)은 레지오 에

밀리아 시가 행정적 · 재정적 지원을 하는 시립 유아교육체제를 의미하며, 시립 유아교육체제 내의 학교들이 교육과 사회적 서비스의 개념을 연합하여 발전시켜 온 질 높은 유아교육 철학, 행정조직, 교수–학습방법, 프로그램, 환경구성 등을 통칭한다(김은희, 2000).

레지오 에밀리아 접근법의 사회 · 문화적 배경, 목적, 행정조직, 학급운영, 교사의 역할, 레지오 에밀리아 접근법의 기본원리, 기록화, 유아교육기관에서의 공간 등을 살펴보면 다음과 같다(김희진 · 오문자 역, 1996, 김은희, 2000).

1) 사회 · 문화적 배경

레지오 에밀리아는 이탈리아 북부의 진보적인 문화권 내에 있는 인구 13만의 작은 도시이다. 2차 세계대전 이후 학부모들이 유아교육의 질과 양을 향상시켜야 한다는 필요성을 공감하고 공동조합 형태의 학교와 여러 유치원을 세웠다.

> 2차 세계대전이 끝난 후 레지오 에밀리아에서 조금 떨어진 빌라첼라 마을의 사람들이 어린이를 위한 유치원을 세우고 운영하기로 하였다.
> "우리는 밤과 일요일에 일해서 유치원을 우리 손으로 지을 거예요. 땅은 농부가 기증했고, 벽돌과 기둥은 폭파된 집에서 구해 올 거고 모래는 강에서 가져올 거예요. 우리 모두 자원해서 일할 거예요."

출처: 김희진 · 오문자 역(1996). 캐롤린 에드워즈 · 렐라간디니 · 조지포먼 편저. 레지오 에밀리아의 유아교육. 정민사. p.78.

2) 목적

유아가 말하기, 그리기, 만들기, 신체표현 등의 다양한 표현활동과 다른 사람과의 상호작용, 문제해결이나 지식 습득 과정을 통해 스스로 사고하는 힘을 기르고 전인적 유아로 성장하도록 하는 것이다.

3) 행정조직

부모, 교육자, 주민들, 유아교육 담당관, 교육 담당 공무원, 시장 등이 함께 유아 관련 행정, 정책적 의사결정에 참여한다.

교육조정관 팀은 교육 담당 공무원(교육감), 그 밑에 유아교육 담당관, 담당관 밑에 교육조정관 7명(교육학, 심리학 전공자), 특수교육 담당 심리학자 1명 등으로 구성되며, 교사의 자율성 촉진, 문제해결 지원 프로젝트 수행에 도움을 주는 역할을 한다.

4) 학급운영

한 학급당 25명의 유아, 2명의 교사가 공동으로 팀을 이루어 3년간 학급운영을 한다. 동일 또래집단, 동일 교사와 3년을 지낸다. 활동집단의 크기는 '우리'라는 개념과 의사소통의 효율성을 강조하기 위해 소집단으로 구성한다.

5) 교사의 역할

유아들과 함께 학습과정의 경험을 공동구축하고 동료교사, 교육조정자, 아틀리에스타(화가)와 함께 유아발달과정을 공유한다.

6) 레지오 에밀리아 접근법의 기본원리

(1) 발현적 교육과정

미리 정해진 주제나 활동에 따라 운영되는 것이 아니라 유아의 경험이나 교사와 함께하는 활동과정에서 주제선정, 즉 우연이나 아이디어로부터 포착되어 시작되기도 하고 한 명 또는 몇 명이 제안한 문제에서 시작되기도 한다.

2~5명의 소집단의 유아가 한 가지 주제에 대해 심도 있게 탐색, 연구해 나가는 프로젝트 활동 위주로 수업을 진행한다. 프로젝트의 기간은 며칠('나' 프로젝트)간 계속되거나 몇 달('공룡' 프로젝트)간 지속되기도 한다.

(2) 상징화의 주기

한 가지 주제에 대해 언어로 토의하고, 그림으로 그리고(표상), 조사 · 탐색한 후 그 탐색을 바탕으로 다시 그리고(재표상), 대상물을 복사하여 가상의 모형을 만드는 순환적 과정을 상징화의 주기라 한다.

'눈 프로젝트'에서의 상징화의 주기를 단계별로 살펴보면 다음과 같다.

주기 1. 언어적 분출– 눈에 대한 경험 이야기 나누기
주기 2. 첫 그림과 토론– 눈에 대한 경험 그리고 토론하기
주기 3. 가상활동해 보기(Simulation)– 모형과 밀가루 사용하여 가상활동해 보기
주기 4. 가상활동 후 그림 그리기
주기 5. 실제 경험– 눈 오는 날 바깥에 나가 눈 관찰하기
주기 6. 경험 후 그리기– 실제경험 후 달라진 유아들의 이해를 그림으로 표현하기
주기 7. 확장– 물체가 눈에 닿을 때 나는 소리를 녹음하여 다시 그림으로 표현하기
주기 8. 심화– '눈송이가 커지는 과정' 동영상 시청 후 눈송이가 커지는 이유를 그림으로 표현하기
주기 9. 발전된 확장과 심화– 눈이 물로 다시 얼음으로 변하는 과정에 관심을 가지고 그림으로 표현하기, 눈 만드는 기계를 그림으로 표현하기

❶ 언어적 분출(Verbal outpouring)

언어적 분출은 유아들이 주제에 대한 자신의 경험과 생각을 자유롭게 말로 표현하는 것이다.

눈이 내리면 놀이터가 어떻게 변할까?
눈이 올 때 걸으면 어떨까?
눈이 올 때 무엇을 할 수 있을까?
눈이 많이 오면 어떻게 처리할까?

❷ 첫 그림과 토론

유아들이 이전에 말로 표현하는 것을 그림으로 그리고 그린 그림에 대해 토의하는 것으로, 유아들은 그림에 대해 토의를 하면서 그림에서 불일치한 부분이나 문제점들을 발견하게 된다. 이러한 유아들의 잘못된 이해는 이후 프로젝트의 방향을 설정하는 맥락으로 작용한다.

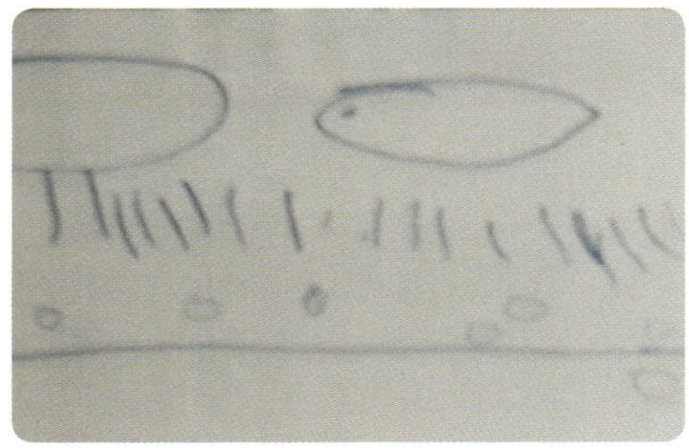

- 첫번째 작품은 눈이 쌓인 모습보다는 눈송이의 모습을 강조한 유아의 그림이다.
- 두번째 작품은 “구름에서 비가 내리다 추워져서 눈이 되었어요.”라고 눈이 내리는 이유에 대한 설명을 한 유아의 그림이다.

❸ 가상해 보기(Simulation)

유아들의 이론을 물리적으로 확인하도록 하는 방법으로 실제 상황과 유사한 가상의 상황을 만들어 실험해 보는 것이다. 결과를 미리 예측하고 관찰해 보게 하는 교수전략을 사용하고 예측을 통해 유아들은 나름의 가설을 가지고 의문점을 실험하고, 그 결과를 자신의 예측과 비교하고, 나타난 결과의 원인을 추론해 보는 과정을 경험하게 된다.

다음은 쌓기놀이 영역에서 유아들이 동물원을 만들고 그 위에 눈 대신 밀가루를 뿌려 눈이 내렸을 때의 상황을 가상해 보고 있는 예이다.

유아들은 시뮬레이션을 통해 자동차 밑에는 눈이 안 쌓인다는 사실과 곡선면에는 눈이 많이 쌓이지 않는다는 사실 등을 발견하였다.

❹ 가상 활동 후 그림 그리기

가상활동이 끝나고 눈이 내리는 상황을 다시 그림으로 그려 본다.

가상활동이 끝나고 그린 그림에서 눈이 집 주위를 둘러싼 것으로 표현한 유아: 가상활동 후에도 유아의 눈이 쌓이는 모습에 대한 잘못된 개념이 변화되지 않은 것을 알 수 있다.

❺ 실제 경험- 눈 오는 날 바깥에 나가 눈 관찰하기

유아들은 갈대에 쌓인 눈을 관찰하기도 하고, 눈이 녹아 다시 얼어붙은 땅에서 얼음 조각을 떼어 관찰하기도 하였다. 또한, 교실로 눈과 얼음을 가져와 현미경으로 눈과 얼음 입자를 관찰하였다.

❻ 경험 후 그리기

실제 경험 후 달라진 유아들의 이해를 그림으로 표현한다. 그리는 동안 유아들은 서로 자신이 발견한 것을 다른 유아들과 이야기하고 자신이 잘못 이해했던 개념을 수정하여 표현하게 된다.

❼ 확장

물체가 눈 위에 닿으면 어떻게 되는지 관찰하고, 사람이 눈 위를 걷거나 달려갈 때, 물체가 눈 위에 닿을 때 나는 소리를 녹음하여 소리를 듣고 그림으로 표현한다.

이와 같이 청각적 요소인 소리를 시각화하여 그림으로 표현하는 것을 교차양식적 표상(cross-modal representation)이라고 한다.

- 첫번째 작품은 눈이 쌓인 운동장을 달릴 때 나는 소리를 시각화하여 표현한 그림이다.
- 두번째 작품은 눈이 쌓인 길을 걸어갈 때 나는 소리를 시각화하여 표현한 그림이다.

❽ 심화

어떤 활동을 한 후 그 활동에 대해 더 깊이 있게 탐구하는 활동이다. 예를 들어, '눈송이가 커지는 과정'을 동영상으로 보고 유아들 나름대로 눈송이가 커지는 과정에 대한 이론을 그림으로 표현해 보는 활동이 이에 속한다.

❾ 발전된 확장과 심화

유아들의 흥미와 이해를 계속 확장시키고 심화시키는 것이다. 유아들의 관심이 눈의 물리적 상태변화로 발전되어 눈이 물로, 물이 얼음으로 변화는 과정을 실험해 보고 눈 만드는 기계와 같이 눈이 만들어지는 과정에도 관심을 보여 그림으로 표현해 보는 활동을 예로 들 수 있다.

(3) 상징적 표상

❶ 학습도구로서 상징적 표상

- **언어적 표상**

유아가 말이나 글로 자신의 이전 기억을 재방문하는 것이다.

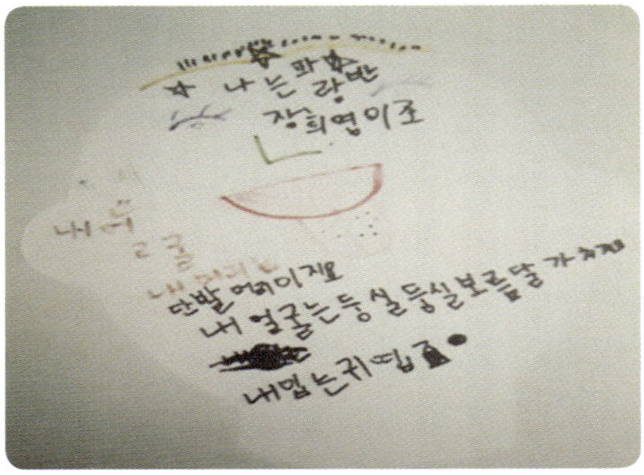

'나'의 생김새에 대한 유아의 생각을 글로 표현한 것이다. 얼굴의 형태는 둥실둥실 보름달로 비유를 사용하고, 입은 귀엽다로 느낌을 표현하고 있다.

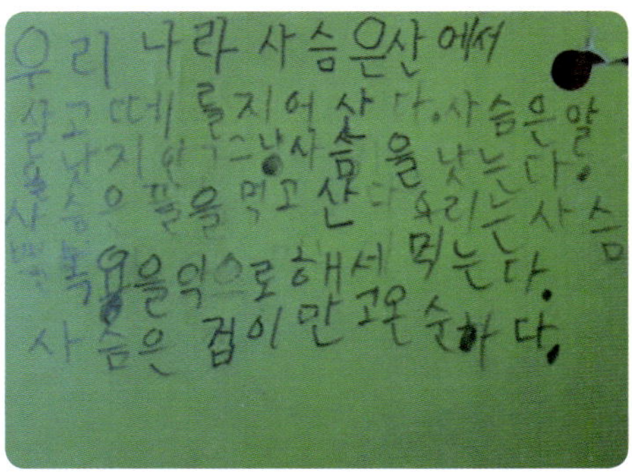

만 5세 유아들이 조별로 동물에 대해 궁금한 점을 조사하면서 사슴에 대해 자신이 아는 것을 글로 표현한 것이다. '산에 산다, 떼를 지어 산다, 사슴은 알을 낳지 않고 그냥 사슴을 낳는다, 풀을 먹고 산다, 녹용을 약으로 해서 먹는다, 사슴은 겁이 많고 온순하다' 등 유아들이 사슴에 대해 이미 가지고 있는 지식이 상당함을 알 수 있다.

- 그림을 통한 표상

유아의 사고를 가시화하여 언어적으로 미쳐 표현해 내지 못한 문제점을 발견할 수 있다.

위 유아의 그림은 눈이 쌓인 모습을 집 전체를 둘러쌓은 것으로 표현하고 있다. 눈이 쌓일 때 쌓이는 사물의 각도나 표면의 재질 등 다양한 요인에 따라 쌓이는 정도가 다름을 고려하지 못하고 있음을 유아의 그림을 통해 알 수 있다.

- 유아들의 다양한 그림을 통한 표상

유아들이 그린 다양한 표정과 생김새의 자화상이다.

- 첫번째 작품은 깃털이 날리고 상대 닭에게 발을 쳐드는 모습으로 닭싸움을 생동감 있게 그린 유아의 그림이다.
- 두번째 작품은 개미의 모습을 수채물감으로 심플하게 묘사한 유아의 그림이다.

● 3차원적 표상

그림은 디자인하기에 적합하지만 기능적으로 사고하기 힘들다. 3차원적 구성활동은 유아가 자신의 아이디어를 기능적 맥락에서 생각해 보도록 자극한다.

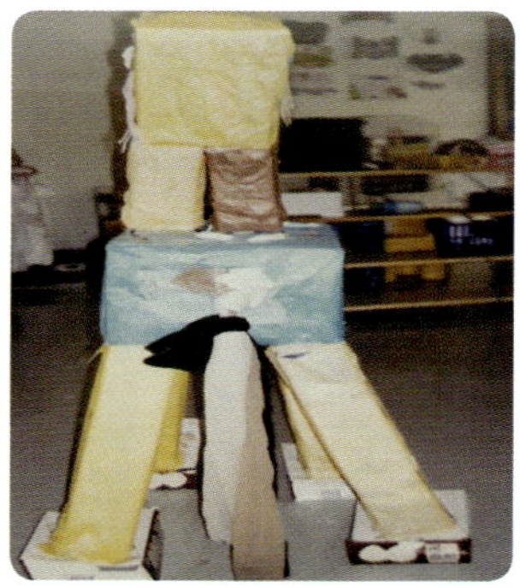

유아들은 말을 만들기 위해 여러 가지 박스, 한지, 털실, 스타킹, 스티커 등의 재료를 사용하였다. 말의 머리, 목, 몸통, 다리를 각각 만들고 붙이는 과정에서 무게중심이 잡히지 않는 문제가 발생하였다. 그래서 머리, 목, 몸통을 지탱하기 위해 다리를 지탱해 주는 발을 넓은 상자에 고정하여 무게중심을 잡게 되었다. 이와 같이 3차원적 표상은 기능적 맥락에서 유아들이 생각할 수 있도록 돕는다.

3차원적 표상을 위해 점토, 철사, 박스, 계란갑, 스티로폼 용기, 빵끈, 헝겊, 수수깡, 나뭇가지, 나뭇잎, 열매, 조개, 플라스틱 숟가락, 모루, 병뚜껑, 옷걸이, 스타킹 등 여러 가지 재료를 제공하여 유아의 아이디어를 다양하게 표현하도록 지원한다.

● 유아들의 다양한 3차원적 표상

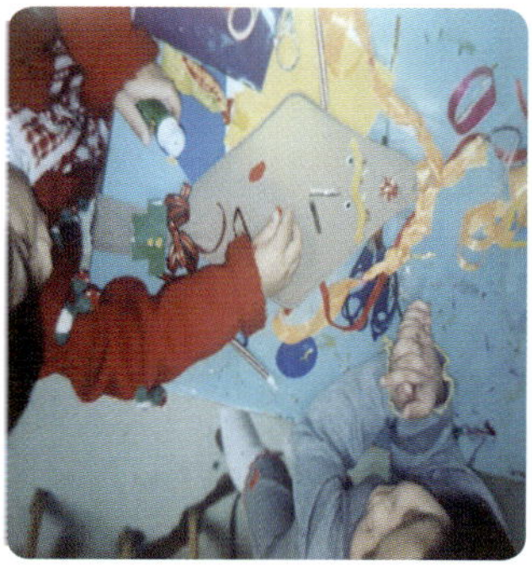

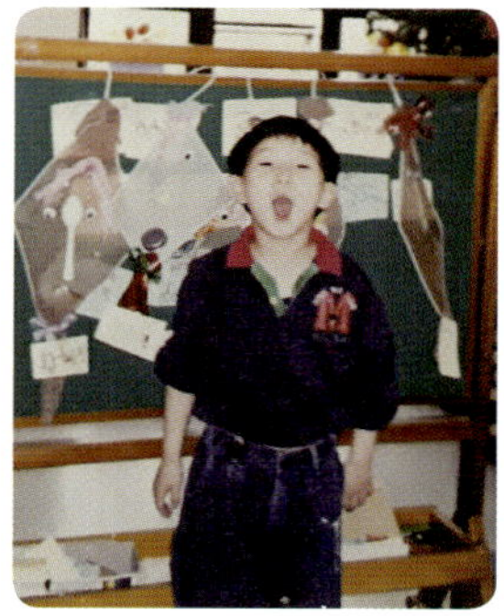

옷걸이에 스타킹을 씌운 것을 얼굴로 하여 플라스틱 숟가락, 병뚜껑, 눈알, 모루, 리본, 빵끈 등을 사용하여 얼굴을 표현한 유아들의 작품이다. 한 유아가 자신의 작품을 소개하면서 얼굴 표정을 직접 표현하고 있다.

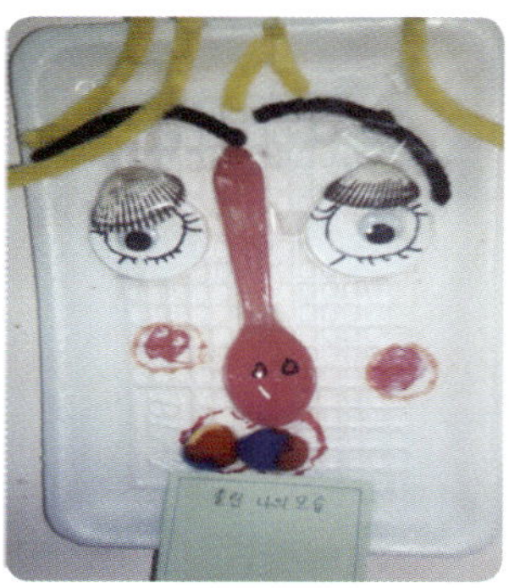

- 첫번째 작품은 스티로폼용기, 조개껍질, 병뚜껑, 모루, 플라스틱 숟가락, 폼폼, 눈알 등을 사용하여 졸린 얼굴을 표현한 유아의 작품이다.
- 두번째 작품은 찰흙과 지점토를 사용하여 얼굴을 표현한 유아의 작품이다.
- 세번째 작품은 헝겊, 수수깡, 리본, 털실 등을 사용해 전신을 표현한 유아의 작품이다.

계란갑, 요구르트병, 사인펜 뚜껑, 폼폼, 지점토, 고무점토, 이쑤시개, 깃털 등을 사용해 다양한 동물을 표현한 유아들의 작품이다.

- 첫번째 작품은 나뭇잎, 열매 등으로 꽃게를 표현한 유아의 작품이다.
- 두번째 작품은 그림으로 그린 동물들을 오려 이쑤시개를 붙인 후 스티로폼 뚜껑에 세워 입체적으로 보이도록 만들고, 폼폼, 모루 등을 사용하여 입체적으로 만든 동물원으로 유아들의 협동작품이다.

7) 기록화

(1) 기록화의 방법

교사와 아틀리에스타에 의해 유아들의 대화와 활동과정을 슬라이드, 카메라, 비디오로 찍고 유아들이 만든 결과물과 구성물들을 수집하여 판넬화하거나 잘 조직하여 전시한다.

(2) 기록화의 중요성

기록화는 유아에게 자신의 활동과정을 재방문하도록 하여 문제점 발견이나 지식을 명료화하도록 돕는다. 부모는 자녀들의 사고과정을 살펴보고 교사들의 노고를 알게 되고 프로젝트 활동에 참여할 수 있는 계기가 된다.

기록화는 지역사회의 다른 교사나 주민들에게 유아교육기관의 교육방식을 알리고 연계하는 방안이 될 수 있다.

8) 공간이 갖는 의미

레지오 에밀리아의 교육자들은 공간이 교육적 메시지를 담고 있기 때문에 사회적 상호작용과 탐구학습에 유용한 '그릇'이라고 부르기도 하고 상호작용과 건설적 학습을 자극하는 '자극제'라고 부르기도 한다. 레지오 에밀리아에서 공간이 갖는 의미를 살펴보면 다음과 같다.

- 교육적이고 보호적인 공간
  - 모든 사람이 편안해하고 모든 사람이 환경을 이용할 수 있는 공간
- 문화의 반영으로서의 공간
  - 아름다움과 조화를 고려한 공간
- 개별성과 다양성을 고려한 공간
  - 사회적 공간(중앙광장, 교실), 개인적 공간(미니 아틀리에), 그리고 여백 공간(화장실, 식당, 천장, 실내외 정원의 연계)
- 연령과 발달수준에 적절한 공간
- 기록하는 공간
  - 유치원의 모든 곳에 전시가 가능한 공간
- 배움의 공간
  - 두 명이 한 팀인 교사와 함께 '제3의 교사' 역할로 어린이의 요구에 반응하는 융통성 있는 공간과 조화를 고려한 공간

3. 생태교육프로그램

생태유아교육은 생명에 기초한 유아교육으로서 1990년대 '우리 아이들의 보육을 걱정하는 모임'에서 시작되어 부산대학교 부설어린이집 교육프로그램 개발 연구팀에서 교육이념과 프로그램을 개발하면서 시작되었다. 생태교육프로그램의 목적, 생태교육프로그램의 특성, 생태교육프로그램의 내용을 살펴보면 다음과 같다(김미경 외, 2018; 임재택 외, 2008; 정연희b, 2017; 하정연 · 이연주, 2017; 황의명 · 조형숙, 2001).

1) 생태교육프로그램의 목적

생태교육프로그램은 '신명나는 어린이', 즉 자연과 하나 되는 어린이, 다른 사람과 더불어 사는 어린이, 행복한 삶을 누리는 어린이로 기르는 데 목적이 있다. '신명나는 어린이'로 기르는 데 필요한 구체적 어린이상은 다음과 같다.

- 튼튼한 어린이
- 스스로 하는 어린이
- 예의 바른 어린이
- 일을 귀하게 여기는 어린이
- 지구를 지키는 어린이
- 즐거운 어린이
- 새로운 것을 생각하는 어린이
- 생명을 존중하는 어린이
- 우리 것을 아는 어린이
- 더불어 사는 어린이

2) 생태교육프로그램의 특성

생태교육프로그램의 다양한 교육특성을 살펴보면 다음과 같다.

(1) 삶교육

행복한 삶을 위해 현재 해야 할 것에 초점을 맞추어 실제 삶을 중심으로 한 내용을 선정한다. 또한, 세시풍속과 전통음식문화에 대한 교육을 통해 계절의 변화에 따른 생활의 주기성을 알고 조상들의 삶을 배운다.

(2) 땀교육

직접 몸을 움직이면서 땀의 소중함을 체험하는 활동을 말한다. 몸을 움직이며 노동의 가치를 배우는 것은 인간의 몸과 마음과 영혼을 건강하게 하는 수행의 과정이자 배움의 과정이다.

(3) 관계교육

유아들이 다른 사람들과 더불어 살아가기 위해 관계교육이 필요하다. 관계교육에는 사람과의 관계, 사물과의 관계, 자연과의 관계가 모두 포함된다. 관련 프로그램으로는 바깥놀이, 노인-유아 상호작용, 동 · 식물 교감프로그램, 장애아 통합프로그램 등이 있다.

(4) 감각교육

생태유아교육에서는 자연과의 교감을 통해 감각을 찾아 줄 필요성을 강조하며, 텃밭 가꾸기, 산책, 손끝놀이 등을 통해 집중력과 정서적 안정성을 키우게 되고, 손끝근육을 잘 통제하게 되며, 미적인 감각을 키울 수 있고, 노작의 즐거움을 경험할 수 있도록 한다.

(5) 앎교육

앎교육은 지혜교육이라고도 할 수 있다. 사람들과 함께 생활하기 위해 필요한 것, 수 · 과학에 대한 기초지식, 기본생활습관과 예의범절에 대한 교육이 이에 속한다.

(6) 감성교육

자연은 유아가 풍부한 감성을 기를 수 있는 예술적 영감의 근원이자 시, 문학, 무용, 음악, 미술 등의 자원으로 활용된다.

(7) 영성교육

유아가 영적 감수성을 기르도록 하기 위해 명상프로그램과 더불어 다양한 프로그램을 운영하여 몸과 마음과 영혼이 조화롭게 성장하는 존재로 자랄 수 있도록 돕는다.

3) 생태교육프로그램의 내용

(1) 바깥놀이 프로그램

유아에게 바깥놀이는 자신이 가지고 지식과 경험을 자유롭게 표현하는 시간이다. 바깥놀이를 통해 유아는 호기심을 가지고 주변을 탐색하며, 생명의 소중함과 계절의 변화를 느낀다. 바깥놀이는 맑은 날, 흐린 날, 비 오는 날, 눈 오는 날, 추운

날에 상관없이 일상적으로 이루어지는 놀이라고 할 수 있다.

유아에게 가장 좋은 놀잇감은 자연이다. 플라스틱으로 만든 상업적인 놀잇감보다는 물, 모래, 흙, 햇빛, 바람, 돌, 풀, 꽃 등의 자연물을 이용할 수 있는 놀이를 통해 풍부한 상상력과 감성을 기르도록 한다.

(2) 산책프로그램

허그(Hug, 1998)는 특정한 공간을 지속적으로 방문하면서 그곳에서 유아에게 의미 있는 어떤 활동을 해 나가는 과정을 통해 유아가 그 장소에 대해 특별한 애정을 갖게 된다고 하였다. 이를 '어떤 장소에 대한 특별한 느낌(Sense of place)'라고 하는데 나무의 커다란 기둥을 두 팔로 안아 보기, 나무기둥에 귀 대어 보기, 나무와 키 대어 보기, 한쪽 손으로 나무를 잡고 하늘을 바라보기, 작은 바윗돌 위에서 책을 보거나 간식 먹기, 홀로 핀 작은 야생화 주변에 울타리 만들어 주기, 이름 모를 꽃에게 이름 지어 주기 등을 들 수 있다.

주변의 숲, 강변, 근린공원이나 놀이터, 뒷동산, 자동차가 다니지 않는 가로수 길 등 다양한 곳이 산책 장소가 될 수 있다. 특별할 장소가 아니더라도 주기적으로 산책활동을 하면서 자연에 대한 지식을 얻고 자연과 교감할 수 있는 친화감을 형성하도록 한다.

산책 초기에는 오감으로 자연을 체험하고 관찰하는 기회를 많이 제공하고, 산책에 익숙해지면 놀이를 하거나 관찰하고 탐색한 자연물들(나뭇잎, 꽃잎, 나뭇가지, 열매 등)을 수집하여 교실 안의 다양한 활동으로 연계하거나 통합할 수 있다.

돋보기로 나뭇잎 관찰하기

라이트박스로
여러 가지 나뭇잎의 잎맥 관찰하기

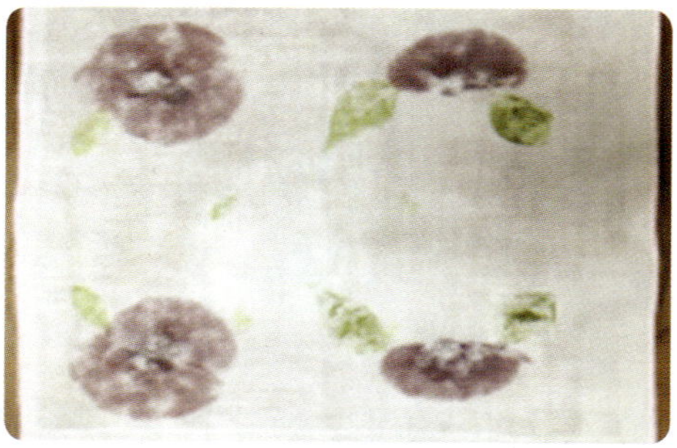
꽃잎과 나뭇잎으로 손수건 물들이기

꽃잎과 나뭇잎으로 꾸미기

(3) 텃밭 가꾸기 프로그램

유아는 직접 텃밭을 일구고 채소를 길러 보는 텃밭 가꾸기 활동을 통해 계절과 날씨의 변화, 식물의 성장, 수확에 대한 기쁨, 자연에 대한 책임, 흙의 생명력 등 많은 것을 배울 수 있다. 또한, 식물을 탐색하면서 다양한 감각기관을 활용하고 식물 기르기에 대한 정보를 얻을 수 있으며, 씨앗을 심고 식물이 자라는 동안 물과 양분을 주고 수확을 하는 일련의 과정을 통해 성취감과 생명체의 소중함을 느낄 수 있다.

(4) 생태미술 프로그램

계절의 변화나 시간 흐름에 따른 자연의 변화를 느낄 수 있도록 다양한 자연물을 매체로 활용하거나 물질의 순환을 경험할 수 있는 폐품을 활용하여 유아의 예술적 감성을 표현하도록 한다.

나뭇잎, 나뭇가지, 열매, 씨앗 등을 활용한 다양한 조형물

(5) 세시풍속 프로그램

세시풍속은 유아에게 계절 변화에 따른 생활의 주기성을 알게 하고, 건강한 먹거리, 더불어 즐길 수 있는 놀이와 조상들의 삶의 지혜를 얻을 수 있도록 한다.

세시풍속 프로그램에서 유아들과 함께 명절의 의미를 되새기고 먹거리, 놀거리, 풍습을 재현해 볼 수 있다. 예를 들어, 보름날 오곡밥과 부럼, 유두날 화전, 추석날 송편, 동짓날에는 팥죽과 같은 절기음식을 만들어 먹는다. 또한, 지신밟기, 달집 태우기, 부채 만들기, 윷놀이, 고누, 실뜨기, 투호, 딱지치기, 팽이치기, 땅따먹기, 비석치기, 고무줄놀이 등의 명절에 할 수 있는 다양한 놀이도 함께 재현해 볼 수 있다.

(6) 손끝놀이 프로그램

손끝놀이란 유아들이 손끝을 사용해서 할 수 있는 놀이를 말한다. 손끝의 사용은 단순한 육체적인 과정이 아니라 정신적인 과정이어서 손 사용을 통해 머리(Head) · 마음(Heart) · 손(Hand)이 조화롭게 발달하는 전인적인 존재가 될 수 있다. 또한, 손끝을 사용해서 무언가를 만들면서 실용적이고 예술적인 감각, 정교함, 치밀성을 몸에 익힐 수 있다.

손끝놀이는 시간과 공간적인 제약을 별로 받지 않는 활동이다. 손끝놀이는 맨손, 생활도구, 종이, 가위, 풀, 천, 옷, 끈이나 실, 실과 바늘, 대바늘, 코바늘 등 다양한 도구를 사용할 수 있다. 손끝놀이에는 손가락 체조하기, 곡식 옮기기, 숟가락과 젓가락을 이용해서 옮기기, 종이접기, 오리기, 붙이기, 구슬 끼우기, 실뜨기, 바느질, 자수, 털실 짜기 등이 있다.

CHAPTER 09

놀이 중심 교육과정의 이해

01 유아 놀이의 정의

02 유아 놀이의 특성

03 놀이 중심 교육과정에서 반영해야 할 요소

04 놀이 중심 교육과정의 방향

05 놀이 중심 교육과정의 실천

놀이 중심 교육은 유아중심 교육철학을 기반으로 하며, 유아가 활동과 놀이에 자발적으로 참여하고, 즐거운 몰입의 경험을 통해 배움이 일어나도록 실천해 가는 과정이다. 배움이 있는 놀이 중심 교육이 이루어지기 위해서는 유아경험의 연속성을 고려한 교육과정 전 영역의 통합 및 놀이와 교육의 균형이 이루어져야 한다(경기도교육청, 2017).

놀이 중심 교육과정에 대한 이해를 돕기 위해 유아 놀이의 정의, 유아 놀이의 특성, 놀이 중심 교육과정에서 반영해야 할 요소, 놀이 중심 교육과정의 방향, 놀이 중심 교육과정의 실천 등을 살펴보면 다음과 같다.

1. 유아 놀이의 정의

놀이는 유아가 흥미와 관심을 가지고 자발적으로 즐겁게 참여하며 배우는 과정이다(교육부 · 보건복지부b, 2019). 유아는 자발적으로 놀이에 참여하며, 기회가 주어질 때마다 즐겁게 놀이를 즐긴다(이귀숙 외, 2009). 놀이는 유아가 성숙함에 따라 정교해지며, 다양한 모습과 형태로 다양한 규칙을 통해서 유아가 지니는 모든 발달영역을 통합시키는 중요한 요인이 된다(오영희 외, 2005). 학자에 따른 놀이에 대한 정의를 살펴보면 다음과 같다.

놀이에 대한 다양한 정의

- **Schiller**: 놀이는 남은 에너지를 목적 없이 소비하는 것이다.
- **Dewey**: 놀이는 유아들이 즐겁게 참여하는 활동이고 자기 스스로 추구하는 활동이며 마음속에 어떤 목적을 두지 않는 활동이다.
- **Freud**: 놀이는 우연한 사건이 아니라 개인의 감정과 정서에 의해 동기가 결정되고, 놀이를 통해서 유아의 갈등을 해소한다.
- **Fröbel**: 놀이는 가장 순수한 정신적 활동이며, 동시에 인간과 모든 사물에 내적으로 감추어진 자연스러운 생활이다.
- **Isaacs**: 어린이의 삶 자체인 동시에 사상을 이해하는 수단이다.
- **Piaget**: 놀이는 유아가 이 세상을 이해하는 데 도움을 주는 매개체의 구실을 하며, 인지발달의 지표 또는 부산물이다.
- **Vygotsky**: 놀이는 학습을 촉진하는 자기조력적 도구(self-help tool)이다.
- **Bruner**: 놀이는 유기체의 적응능력 신장에 기여하며 창의성 및 융통성을 증진시킨다.
- **Sutton-Smith**: 놀이는 인지적 면에서 상징적 변형을 촉진시키며, 정신적 융통성을 확장시킨다.
- **Singer**: 놀이를 통해서 유아는 내적 · 외적 자극의 유입을 적절하게 조절할 수 있게 된다.

출처: 오영희 외(2005). 유아를 위한 놀이이론과 실제. 21세기사. p.14; 신화식 외(2006). 영유아놀이지도. 교문사. p.2; 전남련 외(2012). 영유아놀이지도. 신정. p.15; 임미선 · 박성희 편저(2018). 유아교육개론. 공동체. pp.361-362.

2019 개정 누리과정에서는 "유아에게 놀이는 삶 자체이자 배움의 내용, 방식, 과정이다."라고 보고 있다. 놀이는 유아의 일상에서 자연스럽게 나타난다. 놀이에는 유아가 자연과 날씨, 친근한 사물과 세상을 만나 몸을 움직이고 감각을 사용하며 다른 사람과 소통하는 과정에서 얻은 느낌, 감성, 배움이 담겨 있다(교육부 · 보건복지부b, 2019).

2. 유아 놀이의 특성

유아는 놀이에 타고난 유능함을 가지고 있으며, 놀이를 좋아하고 다양한 놀이경험을 통해 스스로 배워 나간다. 놀이하는 유아의 특성과 유아 놀이의 특성을 살펴보면 다음과 같다(교육부 · 보건복지부b, 2019).

1) 놀이하는 유아의 특성

(1) 유아는 몸을 움직인다.

- 놀이에서 유아는 감각을 사용한다.
- 놀이에서 유아는 마음껏 움직인다.
- 놀이에서 유아는 안전하게 몸을 움직이며 보호한다.

❶ 놀이에서 유아는 감각을 사용한다.

유아는 다양한 감각을 사용하여 보고, 듣고, 냄새 맡고, 만지고, 맛보면서 주변을 탐색하고 놀이를 한다.

❷ 놀이에서 유아는 마음껏 움직인다.

유아는 쌓고, 부수고, 돌리고, 붙이고, 만들면서 주변의 사물을 변화시키고 몸을 마음껏 움직이면서 세상과 소통해 나간다.

❸ 놀이에서 유아는 안전하게 몸을 움직이며 보호한다.

유아는 몸을 움직이며 놀이하면서 몸으로 위험을 감지하고 자신의 몸을 안전하게 보호할 수 있는 방식에 대해 알아간다.

(2) 유아는 하고 싶은 것을 스스로 선택한다.

- 놀이에서 유아는 적극적으로 탐색한다.
- 놀이에서 유아는 다양하게 시도한다.
- 놀이에서 유아는 자긍심을 가진다.

❶ 놀이에서 유아는 적극적으로 탐색한다.

놀이에서 유아는 하고 싶은 것을 스스로 선택하고자 하는 욕구가 나타난다. 유아는 자신이 원하는 것이 무엇인지, 그것을 어떻게 해 나갈 것인지 찾기 위해 적극적으로 탐색한다.

❷ 놀이에서 유아는 다양하게 시도한다.

놀이에서 유아는 자유롭게 하고 싶은 놀이를 선택하고 놀이방법을 결정하고 놀이규칙을 만든다. 또한, 만지고 싶은 것을 만지고, 움직이고 싶은 대로 움직인다.

❸ 놀이에서 유아는 자긍심을 가진다.

놀이에서 유아는 자신이 원하는 것을 선택하면서 자신이 무엇을 할 수 있는지를 알아가게 된다. 놀이과정을 통해 유아는 자신의 유능함을 알게 되고 자신에 대해 자긍심을 가지게 된다.

(3) 유아는 상상한다.

- 놀이에서 유아는 호기심이 많다.
- 놀이에서 유아는 창의적으로 탐구한다.
- 놀이에서 유아는 세상에 대해 다양한 방식으로 표현한다.

❶ 놀이에서 유아는 호기심이 많다.

유아는 감각기관을 통해 들어오는 모든 자극을 즐기며, 주변세계와 자연에 대해 호기심을 가지고 의문이 생긴 것에 탐구하고자 한다. 따라서 유아의 호기심은 놀이의 원동력이 된다.

❷ 놀이에서 유아는 창의적으로 탐구한다.

유아는 놀이를 하면서 "이것은 무엇일까?", "왜 이렇게 움직이는 걸까?"와 같이 스스로 가진 의문을 해결하고자 상상력을 발휘하며 창의적으로 탐구하고자 한다.

❸ 놀이에서 유아는 세상에 대해 다양한 방식으로 표현한다.

유아는 자신이 호기심을 가지고 상상하고 탐구한 것을 자기 나름대로의 방식으로 자유롭게 표현하고자 한다.

(4) 유아는 재미와 기쁨을 느낀다.

- 놀이에서 유아는 감정을 표현한다.
- 놀이에서 유아는 감정을 해소한다.
- 놀이에서 유아는 아름다움을 느낀다.

❶ 놀이에서 유아는 감정을 표현한다.

유아는 놀이에서 다양한 사물과 매체, 사람과 자연을 만나며 그 속에서 아름다움을 느낀다. 또한, 감각을 통해 주변세계와 접하고 기쁨, 즐거움, 따뜻함 등의 다양한 감성을 느낀다. 또한, 유아는 자신이 느낀 감정을 언어, 노래, 몸짓 등 다양한 방법으로 자유롭게 표현한다.

❷ 놀이에서 유아는 감정을 해소한다.

놀이하는 유아는 자신을 둘러싼 주변 환경에서 아름다움과 감성을 느끼고 다양한 방법으로 감정을 표현할 뿐만 아니라 부정적인 감정을 해소한다.

❸ 놀이에서 유아는 아름다움을 느낀다.

놀이에서 유아는 아름다움을 느끼고 추구한다. 예를 들어, 레고블록으로 작은 다리를 만들다가 나무블럭과 우레탄블록을 함께 사용하여 더욱 확장된 도로를 건설한다거나, 몇 가지 색을 사용하여 그림을 그리다가 다양한 색을 추가하여 그림의 내용을 풍부하게 하고자 한다. 이러한 과정에서 유아는 재미와 기쁨을 느낀다.

(5) 유아는 주변과 관계를 맺는다.

- 놀이에서 유아는 도움을 주고받는다.
- 놀이에서 유아는 사람과 소통한다.
- 놀이에서 유아는 세상을 살피고 돌본다.

❶ 놀이에서 유아는 도움을 주고받는다.

유아는 놀이하면서 자신이 잘할 수 있는 것과 다른 사람이 잘할 수 있는 것을 알 수 있다. 또한, 놀이에서 자신의 역할을 선택하고 놀이방법과 놀이규칙을 만들어 가는 과정을 통해 다른 사람과 소통하고 서로 필요한 도움을 주고받는다.

❷ 놀이에서 유아는 사람과 소통한다.

유아는 놀이에서 다른 사람과 생각이 다를 때, 자신이 원하는 역할을 맡고 싶을 때 등의 여러 상황에서 발생하는 갈등을 풀어 갈 수 있다. 상황을 지켜보기도 하고, 순서를 정하기도 하면서 더 나은 해결방안을 찾고자 소통하고 협력한다.

❸ 놀이에서 유아는 세상을 살피고 돌본다.

유아는 놀이하면서 주변의 동·식물과 자연에 관심을 가지며 이들을 살피고 돌본다. 간식으로 나온 수박의 씨를 심고 물을 주면서 싹이 나오기를 기다리거나 교실 안에서 발견한 거미를 관찰하고 먹이를 주는 등 주변에 있는 생명체에 관심을 가지고 돌본다.

2) 유아 놀이의 특성

개정 누리과정에서는 자유로움, 주도성, 즐거움이라는 놀이의 주요 특성을 명시하고 있다(교육부 · 보건복지부b, 2019). 개정 누리과정에서 제시하는 놀이의 주요 특성을 살펴보면 다음과 같다.

(1) 놀이는 자유롭다.

놀이에서의 자유는 계획된 목적으로부터의 자유, 정해진 규칙으로부터의 자유, 사실로부터의 자유, 시간과 공간의 제약으로부터의 자유를 포함한다.

- 계획된 목적으로부터의 자유
- 정해진 규칙으로부터의 자유
- 사실로부터의 자유
- 시간과 공간의 경계로부터의 자유

❶ 계획된 목적으로부터의 자유

놀이는 구체적 목적을 가지고 계획된 활동으로부터의 자유를 포함한다. 그러므로 교사는 놀이에서 학습의 목표를 달성하도록 일방적으로 안내하기보다는 유아가 놀이하는 흐름을 읽고 따라가도록 한다.

❷ 정해진 규칙으로부터의 자유

놀이는 정해진 규칙으로부터의 자유를 포함한다. 유아는 놀이하면서 혼자 또는 함께 규칙을 만들며, 이미 만들어진 규칙을 변경하거나 새로운 규칙을 만든다.

❸ 사실로부터의 자유

놀이는 사실로부터의 자유를 포함한다. 유아는 놀이에서 경험을 자유롭게 선택하고 현실을 넘어서 상상하고 자유롭게 표현할 수 있다.

❹ 시간과 공간의 제약으로부터의 자유

놀이는 특정 시간과 공간의 제약을 받지 않고 언제 어디서나 이루어질 수 있다. 시간과 공간의 제약을 받지 않는 자유로운 놀이는 변화와 창조의 원동력이 된다.

(2) 놀이는 주도적이다.

놀이에서의 주도성은 유아의 자발적 참여, 능동성, 내재적 동기와 같은 특성과 관련되어 있다.

- 자발적 참여
- 능동성
- 내재적 동기

❶ 자발적 참여와 능동성

유아는 놀이하면서 신체적 · 사회적 · 인지적으로 능동적이며, 자발적인 참여를 끊임없이 이어간다. 놀이에서의 유아의 자발적 참여와 능동성은 유아의 내재적 동기에 의해 발현된다.

❷ 내재적 동기

내재적 동기는 자신의 신체, 정신, 행위를 스스로 통제하고 주의를 기울이고 끈기 있게 집중하는 것으로 놀이의 바탕이 된다.

(3) 놀이는 즐겁다.

놀이에서는 재미, 몰입, 감정의 해소, 상상과 호기심, 유머 등 정신적 · 정서적으로 수반되는 즐거움이 있다.

- 재미
- 몰입
- 감정의 해소
- 상상과 호기심
- 유머

❶ 재미와 몰입

유아는 놀이를 반복하고 변화를 발견하는 재미와 기쁨을 느낀다. 또한, 놀이를 지속하면서 몰입의 상태에 들어가기도 한다.

❷ 감정의 해소

유아는 놀이에서 정서적 긴장, 두려움, 갈등을 해소하고, 따뜻함, 배려, 아름다움과 같은 심미성을 통합함으로써 즐거움을 경험한다.

❸ 상상과 호기심

유아는 상상과 호기심을 가지고 주변세계를 자유롭게 탐색하고 가설을 세우고 실험하고 문제해결을 하는 과정을 통해 성취감과 즐거움을 느낀다.

❹ 유머

놀이에서의 비언어적 또는 언어적 유머는 놀이의 즐거움을 강화시키고 즐거움을 공유하게 하는 중요한 요소로 작용한다.

3. 놀이 중심 교육과정에서 반영해야 할 요소

놀이 중심 교육과정을 실천하기 위해서는 유아와 교사, 교육을 다시 들여다보는 것에서 시작하여야 하고 그 출발점은 유아중심 교육철학에 있다. 유아중심 교육철학을 실천한다고 해서 교사의 개입은 배제되어야 하고, 유아에게 무한한 자유를 주어야 한다는 것은 아니다.

놀이 중심 교육과정은 교사의 경험을 앞세워 유아에게 특정 개념을 전달하는 것이 아니라 유아가 어떤 경험을 했고, 어떤 방향으로 호기심을 보이는지, 무엇을 더 알고 싶어하는지에 대해 관찰한 후, 이에 적합한 교육적 목표를 고민하고 유아와 함께 결정하는 것이다. 놀이 중심 교육과정에서 반영해야 할 요소들을 살펴보면 다음과 같다(경기도교육청, 2018).

- 놀이 중심 교육과정은 교육과정계획과 실행에 있어서 교사의 '자율성'이 우선되어야 한다.
- 놀이 중심 교육과정은 유아의 놀이확장을 위해 교사의 '융통성'이 발휘되어야 한다.
- 놀이 중심 교육과정은 유아를 존중하고 유아의 놀이성을 '수용'해야 한다.
- 놀이 중심 교육과정은 교사의 관찰을 통해 유아의 관심과 흥미가 '발현'되도록 한다.
- 놀이 중심 교육과정은 교사의 놀이탐구에 대한 지속적인 '역량'개발이 필요하다.

1) 놀이 중심 교육과정은 교육과정계획과 실행에 있어서 교사의 '자율성'이 우선되어야 한다.

놀이 중심 교육과정은 교사가 자율적으로 교육과정을 편성하고 운영하는 것을 강조한다. 유아의 의미 있는 경험과 교육과정 내용의 자연스러운 연계를 위해 교사의 자율성이 필요하다.

2) 놀이 중심 교육과정은 유아의 놀이확장을 위해 교사의 '융통성'이 발휘되어야 한다.

놀이 중심 교육과정에서는 교사가 유아와 함께 '만들어가는' 교육과정을 강조한다. '만들어가는' 교육과정은 교사가 계획한 교육내용을 그대로 실행하기보다는 유아의 흥미와 관심, 교육적 필요에 따라 유아의 놀이가 확장될 수 있도록 융통성 있게 놀이를 지원하는 것을 의미한다.

3) 놀이 중심 교육과정은 유아를 존중하고 유아의 놀이성을 '수용'해야 한다.

교사는 놀이 중 유아의 말과 행동을 존중하고 수용하여 유아의 탐색, 표현, 구성 등 다양한 놀이활동이 확장될 수 있도록 지원하여야 한다.

4) 놀이 중심 교육과정은 교사의 관찰을 통해 유아의 관심과 흥미가 '발현'되도록 한다.

교사는 유아의 놀이를 관찰하면서 유아의 흥미와 관심이 발현되고 놀이가 확장될 수 있도록 놀이상황을 제공하여야 한다.

5) 놀이 중심 교육과정은 교사의 놀이탐구에 대한 지속적인 '역량'개발이 필요하다.

놀이 중심 교육과정에서는 교사의 놀이역량을 강조한다. 놀이역량은 유아와 함께 놀이할 수 있는 능력과 유아의 놀이를 제대로 관찰할 수 있는 능력을 의미한다.

교사는 유아들과 함께 놀면서 놀이과정을 관찰기록하고, 동료교사들과 관찰기록한 결과물들을 공유하며 놀이활동에 대한 다양한 의견을 교환하는 경험을 통해 놀이역량을 개발하도록 한다.

4. 놀이 중심 교육과정의 방향

놀이 중심 교육과정에서는 교육목표에 의해 계획된 '활동'이더라도 유아의 흥미와 관심, 놀이의 흐름에 따라 유아중심의 놀이로 전개되어야 하며, 놀이의 결과가 교육목표의 성취로 이어져야 한다. 놀이 중심 교육과정의 방향을 살펴보면 다음과 같다(경기도 교육청, 2017).

1) 유아중심 교육철학을 바탕으로 한다.

놀이 중심 교육과정은 유아존중을 바탕으로 하며, 유아가 배움의 주체가 되는 유아중심 교육철학을 바탕으로 한다. 유아는 주도성을 가지고 놀이활동에 참여함으로써 스스로 삶의 의미와 가치를 발견해 나갈 수 있다.

2) 놀이적 요인이 활동 속에 반영되도록 한다.

놀이적 요인은 '즐거움, 선택, 주도성, 몰입, 과정지향성'을 의미하며, 이러한 놀이적 요인들이 활동 속에 반영되도록 한다. 유아에게 놀이의 기준은 즐거움이다. 유아는 놀이를 통해 즐거움을 느끼고 즐거운 경험 속에서 부정적인 감정을 해소한다. 또한, 유아는 스스로 놀이를 선택했을 때 존중받았다고 느끼며, 놀이에서의 주도성이 강화된다. 유아는 주도적으로 놀이할 때 즐거움을 느끼고 활동에 쉽게 몰입하게 된다. 유아는 놀이의 결과물을 통해 성취감을 느끼기도 하지만 놀이과정 자체를 즐긴다. 이러한 유아의 과정지향성은 유아가 결과에 대한 부담 없이 새롭고 다양한 시도를 하는 원동력이 된다.

3) 배움이 있는 놀이가 이루어지기 위해서는 놀이와 교육과정이 연결되어야 한다.

유아의 놀이경험 및 결과가 의미 있는 교육적 놀이가 되도록 교사는 교육과정에 대한 이해를 바탕으로 적절한 안내와 지원을 하여야 한다.

4) 유아경험의 연속성을 고려한 주제와 활동 간의 통합이 이루어져야 한다.

유아경험의 연결과 통합을 반영하지 않은 주제와 활동 간 통합은 교사중심적인 교육과정으로 운영되기 쉽다. 따라서 의미 있는 놀이 중심 교육이 이루어지기 위해서는 유아가 경험한 것, 그리고 앞으로 경험할 것들이 연계되도록 교육과정 영역들 간의 유기적인 통합이 이루어져야 한다.

5) 놀이와 교육의 균형을 고려하여야 한다.

유아주도적 활동에서는 놀이적 요인이 훼손되지 않도록 하면서 유아의 놀이가 교육적 의미를 갖도록 하고, 교사주도적 활동에서는 놀이적 요인이 최대한 반영될 수 있도록 고려하여야 한다.

5. 놀이 중심 교육과정의 실천

놀이 중심 교육과정의 실천을 위해 교사는 계획된 교육활동이 유아에게 놀이로 인식될 수 있도록 고려하여야 하며, 유아가 스스로 만들어 낸 놀이에서 교육적 의미를 발견하고 배움이 일어날 수 있도록 지원을 하여야 한다. 놀이 중심 교육을 위한 계획과 놀이와 교육의 균형 실천에 대해 살펴보면 다음과 같다(경기도교육청, 2017).

1) 놀이 중심 교육을 위한 계획

(1) 유아의 몰입을 돕는 주제를 선정한다.

주제 선정 및 활동을 계획할 때 유아의 경험이 연속적으로 이루어지도록 주제를 중심으로 한 활동들 간에 유기적인 연결을 하도록 한다. 교사는 여러 활동을 단편적으로 제공하기보다 유아가 놀이에 몰입하여 깊이 있게 알아가도록 충분한 놀이환경과 시간을 제공해야 한다. 이를 위해 작은 단위의 주제 선정, 기존 생활주제 중 일부 재구성, 새로운 주제 선정 등을 통해 교육과정을 구성하는 것도 효과적이다.

(2) 활동 간의 유기적인 연결을 고려한다.

주제 선정과 이에 따른 활동을 계획할 때 교사는 활동 간 유아의 경험이 연속적으로 이루어지도록 해야 한다. 교사는 유아 경험의 연결을 위해 자유선택활동과 대 · 소집단 활동 간의 연계, 놀이영역 간의 연계, 대 · 소집단 활동 간의 연계를 고려하여 모든 활동이 서로 유기적 연결이 되도록 한다. 이때 탐색 및 조사하기, 소개 및 발표하기, 문제해결 및 놀이 확장을 위한 이야기나누기 등이 유의미한 연결의 매개체가 될 수 있다.

(3) 여유 있는 교육과정을 운영한다.

유아가 활동 속에서 스스로 의미를 찾고 배움이 일어나도록 하며, 유아에 의해 발현되는 교육적 상황을 교육과정 안으로 들어 올 수 있도록 교육계획을 여유 있게 수립하여 교육과정을 운영하도록 한다.

2) 놀이와 교육의 균형 실천

(1) 교사주도적인 활동에 놀이적 요인을 반영한다.

교사주도성이 강한 활동이라도 유아의 이야기를 통해 놀이적 요인(즐거움, 선택, 주도성, 몰입, 과정지향성)을 최대한 반영하고자 한다면 유아는 활동을 놀이로 인식할 수 있다. 따라서 놀이 중심 교육이 이루어지기 위해서는 교사가 활동을 계획할 때 놀이적 요인이 반영되어 있는지 검토해 볼 필요가 있다.

(2) 유아주도적인 활동에서 적절한 교사의 역할을 찾아본다.

유아주도적인 활동에서 교사는 유아가 필요로 하는 자료나 도움을 제공하거나 놀이에 참여하여 적절한 상호작용 및 놀이의 모델링을 제공해 주고, 놀이가 확장될 수 있도록 새로운 방법을 소개하는 등 다양한 역할을 할 수 있다.

또한, 유아의 놀이에 미소를 짓거나 고개를 끄덕이면서 관심을 보여 주거나 "○○이는 △△놀이를 하고 있구나."와 같이 유아의 놀이를 있는 그대로 표현해 주는 것만으로도 유아는 자신이 존중받고 있다는 느낌과 자신이 하는 놀이가 중요하다는 생각을 갖게 된다.

CHAPTER 10

놀이 중심 교육과정에 기초한 유아교육과정의 계획

01 유아교육의 목적 및 목표

02 놀이 중심 교육과정에 기초한 교육계획의 수립

1. 유아교육의 목적 및 목표

교육목적은 교육이 추구하는 기본적인 방향을 제시하는 것으로 포괄적이고 이상적인 개념으로 교육이념이 이에 해당한다. 교육목표는 구체적이고 실제적으로 교육활동의 구체적인 방향을 제시하는 개념으로 일반적 목표와 구체적 목표로 구분된다. 일반적 목표는 교육적으로 기대되는 목표를 달성하는 데 장기간 소요되는 특징이 있으며, 구체적 목표는 일반적 목표의 틀 속에서 구체적이고 세부적이며, 현실적으로 측정과 관찰이 가능한 개념이다.

다음은 교육목적과 목표 조직도의 예이다.

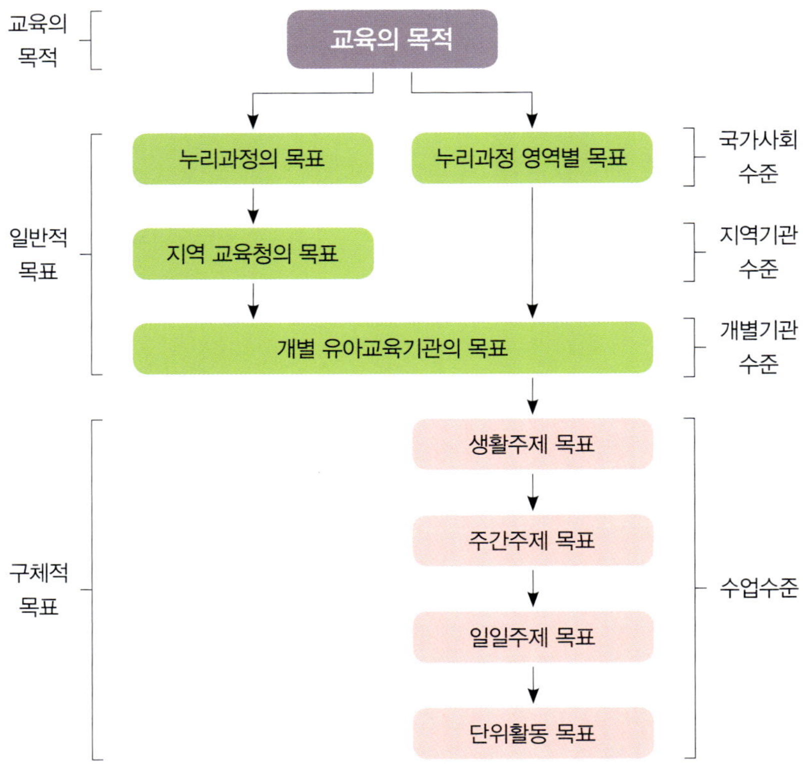

교육목적과 목표 조직도

출처: 김미경 외(2018). 유아교육과정. 양성원.

1) 유아교육의 목적

교육의 목적은 교육에 대한 국가나 사회의 일반적인 요구를 담고, 교육을 통해 개발될 수 있는 인간의 다양한 특성으로 진술된다. 「교육기본법」 제2조에서는 유치원, 초등학교, 중학교, 고등학교 교육과정에서 추구해야 할 목적을 제시하고 있다.

「교육기본법」 제2조(교육이념)

> 교육은 홍익인간(弘益人間)의 이념 아래 모든 국민으로 하여금 인격을 도야하고 자주적 생활능력과 민주시민으로서 필요한 자질을 갖추게 함으로써 인간다운 삶을 영위하게 하고 민주국가의 발전과 인류공영의 이상을 실현하는 데 이바지하게 함을 목적으로 한다.

출처: 「교육기본법」 [시행 2019.6.19.] [법률 제15950호, 2018.12.18. 일부개정].

2019 개정 누리과정에서는 다음과 같이 교육목적을 제시하고 있다(교육부 · 보건복지부a, 2019).

> 누리과정의 목적은 유아가 놀이를 통해 심신의 건강과 조화로운 발달을 이루고 바른 인성과 민주시민의 기초를 형성하는 데에 있다.

2) 유아교육의 일반적 목표

교육의 일반적 목표는 교육의 목적으로부터 도출되며, 교육의 목적에 비해 조금 더 구체적이다. 유아교육의 일반적 목표에 해당하는 것으로 누리과정의 목표, 지역교육청의 목표, 누리과정 영역별 목표를 들 수 있다. 2019 개정 누리과정의 목표를 살펴보면 다음과 같다(교육부 · 보건복지부a, 2019).

가. 자신의 소중함을 알고, 건강하고 안전한 생활습관을 기른다.
나. 자신의 일을 스스로 해결하는 기초능력을 기른다.
다. 호기심과 탐구심을 가지고 상상력과 창의력을 기른다.
라. 일상에서 아름다움을 느끼고 문화적 감수성을 기른다.
마. 사람과 자연을 존중하고 배려하며 소통하는 태도를 기른다.

3) 유아교육의 구체적 목표

구체적 목표는 비교적 단기간의 수업을 통해 유아가 알아야 하는 것들을 상세하게 진술한 것으로 생활주제 목표, 주간주제 목표, 일일주제 목표, 단위활동 목표 등이 이에 속한다.

다음은 5세 누리과정 교사용 지도서에서 제시한 생활주제 '유치원과 친구'의 목표이다(교육과학기술부, 2012).

생활주제 '유치원과 친구'의 궁극적 목표는 유아들이 새롭게 만난 물리적 환경과 인적 환경의 변화를 인식하여, 앞으로 만나게 될 다양한 변화를 받아들이고 새로운 삶의 공간 속에서 잘 적응할 수 있도록 돕는 것이다.

다음은 5세 누리과정 교사용 지도서에서 제시한 생활주제 '유치원과 친구'의 주별 주제 및 목표이다(교육과학기술부, 2012).

주	1주	2주	3주	4주
주별 주제	유치원과 환경	유치원에서의 하루	유치원에서 만난 친구	함께 만드는 유치원
목표	• 반 이름과 활동 영역 이름이 가진 의미를 알고 사용한다. • 우리 반에 필요한 약속을 함께 정해 본다. • 유치원에서 함께 지내는 어른들에 대해 알고 감사한 마음을 가진다.	• 유치원의 일과를 알고 즐겁게 생활한다. • 자유선택활동을 계획하고 활동결과를 스스로 평가해 본다. • 놀이의 약속과 규칙을 알고 지킨다.	• 친구에게 관심을 갖고 친구의 의미를 생각해 본다. • 좋은 친구가 되기 위해 노력하며 사이좋게 지낸다.	• 우리 유치원을 상징하는 것들과 역사에 대해 알고 자긍심을 가진다. • 모두가 행복할 수 있는 유치원의 조건에 대해 생각해 본다. • 미래의 유치원의 창의적으로 설계해 본다.

다음은 5세 누리과정 교사용 지도서에서 제시한 생활주제 '유치원과 친구'의 일일 주제 및 목표이다(교육과학기술부, 2012).

일일 주제	친구 간의 예의 지키기
목표	• 친구의 생각과 느낌을 고려하여 말해야 함을 안다. • 친구 사이에도 지켜야 하는 예의가 있음을 안다. • 친구와 갈등 상황이 있음을 알고 긍정적으로 해결해 본다.

다음은 5세 누리과정 교사용 지도서에서 제시한 단위활동명 및 목표의 예이다(교육과학기술부, 2012).

단위활동명	친구빙고놀이
목표	• 친구에게 관심을 갖는다. • 정해진 약속과 규칙에 따라 친구와 사이좋게 놀이해 본다.

4) 활동목표 진술

단위활동계획안의 목표진술 시 행동적 목표진술과 표현적 목표진술의 두 가지 방법으로 진술할 수 있다.

(1) 행동적 목표진술

메이거(Mager)는 행동적 목표진술에 학습자인 유아가 교육활동을 통해 달성하고자 하는 행동적 특성인 '도달점 행동'과 그 도달점 행동이 일어나는 활동상황에 대한 '조건', 그리고 그 도달점 행동이 어느 정도 잘 달성되었는지를 파악할 수 있는 '준거'가 명시되어야 한다고 주장하였다(유광찬, 2008). 즉, 행동적 목표진술은 조건, 준거, 도달점으로 목표를 진술하는 것이다. 다음은 행동적 목표진술의 예이다(김유정 · 유은석 · 하정희, 2011).

행동적 목표진술의 예

1부터 6까지의 숫자들을	순서대로	배열할 수 있다.
조건	준거	도달점 행동

(2) 표현적 목표진술

아이즈너(Eisner)는 유아들의 개별성을 존중하고 다양한 표현방식을 인정하는 표현적 목표진술을 제시하였다. 따라서 표현적 목표진술은 유아가 경험하는 모든 활동과정에 초점을 둔 진술이다(김미경 외, 2018). 표현적 목표진술은 상황, 문제, 과제로 목표를 진술할 때 사용한다. 다음은 표현적 목표진술의 예이다(김유정 · 유은석 · 하정희, 2011).

표현적 목표진술의 예

1부터 6까지의 숫자들을 보고	생각나는 것을	그린다.
상황	문제	과제

2. 놀이 중심 교육과정에 기초한 교육계획의 수립

계획하기란 교사가 유아의 놀이를 통한 배움을 지원하기 위해 교육과정의 내용과 시간을 조직하는 것이다. 개정 누리과정에서는 교사가 미리 모든 것을 계획하여 그대로 실행하는 것을 지양하고 실행된 교육과정을 담는 것을 강조한다. 즉, '만들어진 교육과정'이 아닌 '만들어가는 교육과정'에 의미를 둔다(교육부 · 보건복지부c, 2019).

개정 누리과정에서는 연간, 월간, 주간, 일일계획안을 자율적이고 융통성 있게 작성하도록 하고 있다. 기존의 계획안에 생활주제, 소주제, 일과 중의 시간 배치, 누리과정 5개 영역이나 목표, 활동개요, 준비물 등을 모두 기록하고 있으나 실행된 교육과정을 충분히 반영할 수 있도록 고려하여야 한다. 또한, 계획, 기록, 평가를 통합한 양식을 놀이기록과 평가, ㅇㅇ반 놀이 이야기 등 다양한 명칭으로 사용할 수 있다(교육부 · 보건복지부c, 2019).

1) 연간교육계획

연간교육계획은 다음 사항을 고려하여 계획하도록 한다(교육부 · 보건복지부c, 2019).

첫째, 연간계획은 개정 누리과정에서 추구하는 인간상, 기관의 철학, 지역사회의 특성, 개인 수준의 다양성을 고려하여 자율적으로 수립할 수 있다.

둘째, 연간계획은 한 학급에서만 공유되는 것이 아니라 기관 전체의 구성원이 공유하는 자료이므로 기관 차원에서 연간계획을 검토하고 수립해야 한다.

셋째, 연간계획은 일 년간의 중요한 경험(기관 적응, 계절, 명절, 그 해의 특별한 국가적 행사, 기관 행사, 진급 등)을 미리 염두에 두고 계획한다.

넷째, 유아에게서 발현되는 놀이주제가 학기를 진행하는 동안 즉각적으로 반영될 수 있도록 여지를 남기고 연간계획을 작성한다.

다섯째, 개정 누리과정은 유아와 교사가 함께 '만들어가는 교육과정'이기 때문에 연간계획이 수립되었더라도 유아의 놀이경험에 따라 시기와 기간 등이 바뀔 수 있다.

주요 행사일정, 계절 관련 주제만 기록한 연간계획의 일부분 예시

4월	6일(월) ~ 10일(금)	부모 개별면담 식물원 봄나들이	봄
5월	2일(토)	가족의 날	
6월	20일(수)	인형극 관람	

위 예시는 주요 행사와 계절 관련 주제만 기록한 연간계획안의 일부분이다.

- 이전의 연간계획안에서는 유아의 흥미와 관심이 있어도 그 시기에 진행되는 생활주제가 아니면 활동을 지원하거나 확장해 주기 어려웠지만 개정 누리과정에서는 정해진 연간계획과 상관없이 융통성 있게 유아의 놀이진행이 가능하다.
- 계절과 같은 기본 생활주제는 미리 계획안에 포함시킬 수 있지만 주제와 소주제를 미리 다 정하는 것은 어렵다.

출처: 교육부 · 보건복지부 · 육아정책연구소(2019). 2019 개정 누리과정 교사연수자료: 강사용. 교육부. p.366.

유아들의 관심에 따라 주제가 반복되는 사례

시기	주제
4월	우리 반에서 기르는 동물
6월	공유공간 꾸미기 '무지갯빛 예쁜 바다'
1월	무지개 아쿠아리움

위 예시는 동물이라는 주제가 반복적으로 진행된 경우이다.

- 유아들의 놀이 흐름에 따라 특정 시기에 특정 주제가 진행되고 끝나는 것이 아니라 유아들의 관심에 따라 동일한 주제도 반복해서 진행될 수 있다.
  - 위 예시에서는 4월에 유아들이 우리 반에서 기르는 동물에 관심을 가지고 놀이를 진행하였고, 6월에 바다에 대한 놀이가 진행되면서 유아들의 관심이 자연스럽게 바닷속 동물로 이동하고 이에 대한 놀이가 진행되었다. 또한, 1월에 유아들이 아쿠아리움 견학 후 교실 내 무지개 아쿠아리움을 꾸미는 것으로 유아들의 관심이 확대되어 놀이가 진행되었다.

출처: 교육부 · 보건복지부 · 육아정책연구소(2019). 2019 개정 누리과정 교사연수자료: 강사용. 교육부. p.367.

생활주제와 주제를 반영한 기존 연간 교육계획안(1학기) 만 5세반 예시

학기	월	생활주제	주	주제	행사 및 견학
1	3	유치원과 친구	1	유치원의 환경	입학식
			2	유치원에서의 하루	
			3	유치원에서 만난 친구	
			4	함께 놀이하는 유치원	
	4	봄과 동 · 식물	1	봄의 날씨와 변화	꽃씨 심기 동물원 견학 채소 모종 심기
			2	봄에 볼 수 있는 식물	
			3	봄에 볼 수 있는 동물	
			4	텃밭에서 기르는 채소	
	5	나와 가족	1	나의 몸과 마음	가족의 날
			2	소중한 나	
			3	소중한 가족	
			4	가족의 생활과 문화	
	6	우리 동네	1	우리 동네 모습	소방서 견학
			2	우리 동네 생활	
			3	우리 동네 사람들	
			4	우리 동네 전통과 문화	
	7	여름	1	여름 날씨와 변화	
			2	여름철 놀이와 안전	
	8		3	즐거웠던 여름방학	
			4	여름철 건강	

우아의 흥미와 관심을 반영하여 추가되거나 변경된 연간 교육계획안(1학기) 만 5세반 예시

학기	월	생활주제	주	주제	행사 및 견학
1	3	유치원과 친구	1	유치원의 환경	입학식 공룡대전
			2	유치원에서의 하루	
			3	유치원에서 만난 친구	
			4	함께 놀이하는 유치원/ 공룡과 놀아요	
	4	봄과 동 · 식물	1	봄의 날씨와 변화	꽃씨 심기 동물원 견학 채소 모종 심기
			2	봄에 볼 수 있는 식물	
			3	봄에 볼 수 있는 동물	
			4	텃밭에서 기르는 채소	
	5	나와 가족	1	나의 몸과 마음	가족의 날
			2	소중한 나	
			3	소중한 가족	
			4	가족의 생활과 문화	
	6	우리 동네	1	우리 동네 모습	우리 동네 돌아보기 소방서 견학 우리 동네 시장(상가) 견학
			2	우리 동네 생활	
			3	우리 동네 사람들	
			4	~~우리 동네 전통과 문화~~ 시장놀이	
	7	여름	1	여름 날씨와 변화	
			2	여름철 놀이와 안전	
	8		3	즐거웠던 여름방학/ 내가 꾸미는 미니 박물관	
			4	여름철 건강	

유아의 흥미와 관심이 반영되어 추가된 '공룡과 놀아요' 주제와 놀이활동의 전개

유아의 관심과 흥미에 따라 추가되거나 변경된 주제	놀이활동의 전개 및 교사의 놀이지원
공룡과 놀아요	3월 생활주제 '유치원과 친구' 중 '함께 놀이하는 유치원' 주별 주제를 진행하던 상황에서 유아들이 과학 영역에 배치에 놓은 작은 공룡들에 관심을 가지게 되었고 공룡대전 견학을 다녀온 후 유아들의 관심이 더욱 고조되었다. 교사는 블록 영역에 큰 공룡 모형과 공룡 뼈를 추가로 배치해 놓았고 유아들은 집에서 가져온 공룡책들을 친구들에게 소개하였다. 유아들은 추가된 공룡 모형을 가지고 놀면서 책과 비교를 시작하였다. 공룡에 대한 질문거리가 생기면 질문에 대한 답을 유아들끼리 토론해 보고 가져온 책에서 찾으려 하였다. 또한, 그림, 색종이, 찰흙 등으로 공룡과 공룡의 서식지 등을 표상하고자 하였다. 유아들이 "공룡은 왜 지금 살지 않을까요?"라는 질문을 하면서 화산 폭발 때문이라고 답을 찾기도 하였는데 풀을 뜯고 있는 초식동물과 화산 폭발 장면을 그림으로 표상하기도 하였다. 또한, "공룡은 굉장히 큰데 무엇을 먹고 살았을까요?"라는 질문을 하면서 배고픈 초식동물에게 먹이를 주고 싶은 먹이로 생과일주스가 결정되어 요리활동으로 전개하기도 하였다. 그 밖에 교사가 제공한 모래상자 속에 공룡화석을 묻어 놓고 체, 칫솔 등을 가지고 화석을 찾아 보는 꼬마 고고학자 되어 보기 등의 활동을 전개하였다. 유아의 관심과 흥미에서 비롯된 '공룡과 놀아요' 놀이활동이 전개됨에 따라 교사가 준비한 '함께 놀이하는 유치원' 주제 관련 활동들은 축소되었고 두 가지 주제가 함께 진행되었다.

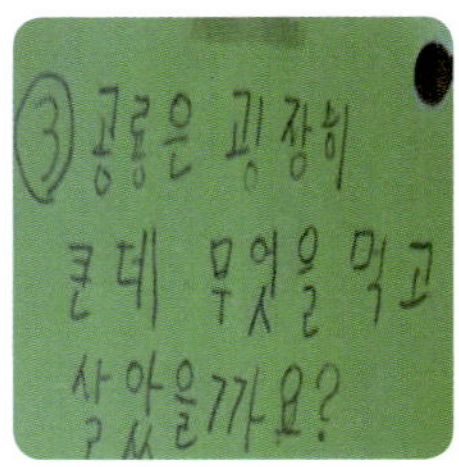

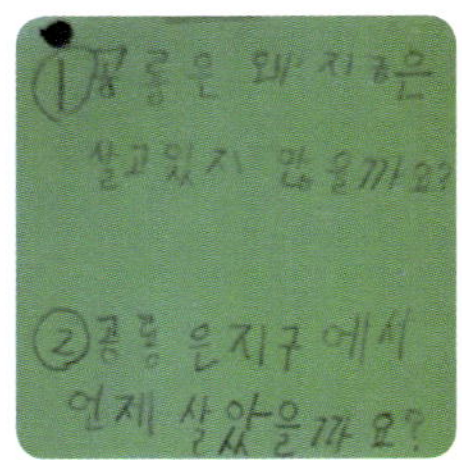

유아의 흥미와 관심이 반영되어 추가된 '시장놀이'주제와 놀이활동

유아의 관심과 흥미에 따라 추가되거나 변경된 주제	놀이활동의 전개 및 교사의 놀이지원
시장놀이	6월 생활주제 '우리 동네' 중 주별 주제 '우리 동네 사람들'을 진행하면서 유아들은 우리 동네 시장에 있는 가게들을 방문하였다. 유아들은 클립보드와 종이, 필기구를 준비하고 시장에 있는 가게들을 방문하여 각 가게에서 파는 물건들에 대해 알아보고 궁금한 것들에 대해 질문들을 하면서 가게에서 일하시는 분들을 인터뷰하는 활동을 하였다. 그다음 주별 주제가 '우리 동네 전통과 문화'였으나 이전 주에 우리 동네 시장을 견학하고 우리 동네 시장에서 일하시는 분들을 인터뷰하면서 유아들의 시장에 대한 관심이 증가하여 시장놀이로 주제를 변경하였다. 역할놀이 영역에서 단일 가게놀이활동으로 진행되었던 평소와 달리 다양한 가게놀이에 유아들이 관심을 보이면서 실제 물건을 사고파는 시장놀이로 확장하면 어떨까? 하여 교사가 유아들에게 시장놀이를 제안을 하면서 유아들의 놀이가 확장되었다. 먼저, 유아들이 하고 싶은 가게를 정하고 그 가게에서 파는 물건들과 필요한 물건들에 대해 서로 이야기 나누면서 소주제망을 작성하였다. 예를 들어, 피자가게의 경우 피자, 스파게티 등의 주요 메뉴와 콜라, 환타 등의 음료, 치즈가루, 피망 등의 부재료, 계산기, 식탁, 포크, 휴지 등 다양한 소품과 가구 등에 대한 상세한 브레인스토밍이 이루어졌다. 그리고 가게놀이를 위해 종이돈, 동전, 지갑, 가게 간판이나 전단지 등 필요한 것들을 만들기로 하였다. 유아들은 지점토를 밀대로 납작하게 밀어서 동전을 만들고 지폐는 유아들이 바느질 영역에서 사용하는 A4용지를 잘라 색연필이나 사인펜으로 숫자를 적어 만들었다. 유아들은 시장놀이를 위해 자신이 하기로 한 가게를 부모님과 함께 다시 방문하고 팔 물건과 필요한 것들을 부모님의 도움을 받아 직접 준비하였다. 피자가게와 빵가게놀이를 하는 유아들은 피자와 여러 가지 빵, 쿠키, 캔디, 콜라 등 자신들이 먹고 싶은 것들을 준비해 왔으며, 한 유아는 아빠 와이셔츠를 이용하여 피자 광고지를 옷에 오려 붙여 판촉효과를 낼 수 있는 제빵사 옷을 만들어 오기도 하였다. 과일가게놀이에 참여한 유아들은 컬러점토를 이용하여 모형 과일을 만들어 온 유아도 있고 과일꼬치, 체리와 토마토를 손님들이 담아갈 수 있도록 과일 바구니를 우유통으로 만들어 온 유아도 있었다. 문방구가게는 시장놀이에서 가장 인기가 있어 일찍 다 팔려서 못 파는 유아들도 많이 있었다. 가게 주인을 하는 유아들은 각자의 자리를 정하고 그들의 물건을 팔기 위해 손님들에게 여러 가지 판촉활동을 하는 것을 엿볼 수 있었다. 특히, 직접 책꽂이를 직접 만들어 온 유아의 물건이 아주 인기가 많았다. 물건을 사는 유아들은 물건에 대한 질문과 가격 등

유아의 관심과 흥미에 따라 추가되거나 변경된 주제	놀이활동의 전개 및 교사의 놀이지원
시장놀이	을 물어보았으며, 파는 유아들은 이에 진지하게 답하는 모습을 대부분의 시장놀이하는 유아들의 모습에서 볼 수 있었다. 레고 · 장난감가게놀이에 참여하는 유아들은 집에서 가지고 노는 장난감들을 재활용하여 친구들에게 팔았다. 이를 계기로 다음 학기부터 매월 말에 집에서 버리기 아까운 완구나 옷 등의 재활용품들을 교환하는 벼룩시장을 열기로 하였다.

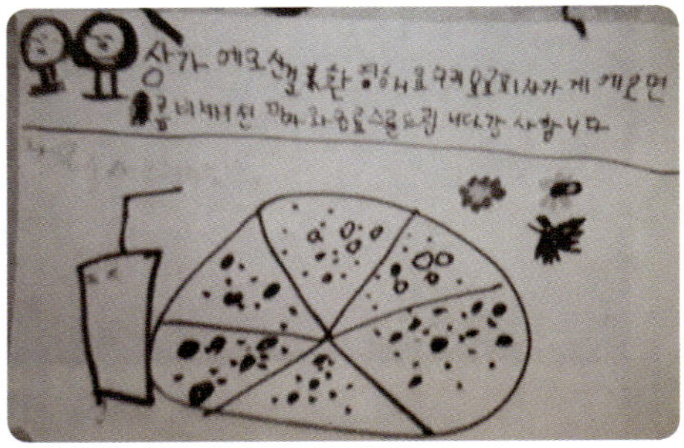

유아의 흥미와 관심이 반영되어 추가된 '내가 꾸미는 미니 박물관' 주제와 놀이활동의 전개

유아의 관심과 흥미에 따라 추가되거나 변경된 주제	놀이활동의 전개 및 교사의 놀이지원
내가 꾸미는 미니 박물관	7 · 8월 생활주제 '여름' 중 주별 주제 '즐거웠던 여름방학'을 진행하면서 유아들은 바다에 놀러 가서 주운 각종 조개껍질이나 소라 껍데기 등을 유치원에 가지고 와서 소개하였고 어떤 유아는 할머니와 해산물집에 가서 먹고 온 가리비를 유치원에 가지고 와서 소개하기도 하였다. 이에 교사는 유아들에게 칸이 있는 넓고 커다란 박스를 제공하고 유아들이 가져오거나 주어온 자연물들을 넣어 보도록 제안하였다. 또한, 과학 영역 교실 안에 비치된 광석을 본 유아가 자기가 사는 아파트 뒷산에 가서 특이하다고 생각되는 돌들을 주어 와서 박스 안을 채우기 시작하였다. 박스 안의 자연물이 뒤죽박죽 섞이자 한 유아가 방을 더 만들어 달라고 교사에게 요구하여 박스 안에 칸을 여러 개 더 추가하였다. 유아들은 추가한 칸에 같은 종류의 조개껍질나 소라 껍데기, 비슷한 크기나 색의 돌 등 자신들의 분류기준에 따라 분류하기 시작하였다. 유아들은 '내가 꾸미는 미니 박물관'이라는 이름을 지어 박스에 붙여 주었다. 유아들은 자신들이 꾸민 미니 박물관에 있는 돌, 조개껍질과 소라 껍데기 등을 관찰하고 비교하면서 탐색활동을 하거나 저울에 돌들을 넣고 무게균형을 맞춰 보는 활동을 하였다. 유아들은 언어 영역의 글자 도장 찍기 교구에 사용하는 스탬프 잉크를 미니 박물관이 있는 과학 영역으로 가지고 와서 여러 가지 조개의 무늬나 돌무늬를 찍어 관찰과 비교를 하고 그림도 그리는 등 자발적인 탐색활동을 계속 이어갔다. '내가 꾸미는 미니 박물관' 활동은 '즐거웠던 여름방학' 주제 관련 활동이 유아의 자발적인 탐색활동으로 확장된 예라고 할 수 있다.

2) 월간 · 주간 · 일일 교육계획

월간 · 주간 · 일일계획안은 다음과 같은 사항들을 고려하여 작성한다(교육부 · 보건복지부c, 2019).

월간 · 주간 · 일일계획안은 기관과 교사의 필요에 맞게 형식이나 분량이 자율적으로 구성될 수 있다. 월간, 주간과 일일계획을 모두 수립하여야 하는 것은 아니며, 하나만 선택하여 작성할 수도 있다.

개정 누리과정은 교사가 유아의 경험을 미리 조직하기보다 유아의 놀이를 관찰하고 이를 지원하는 방식을 제안한다. 유아의 놀이는 교사가 계획한 대로 진행되는 것이 아니라 시시각각 변화하고 교사의 기대 이상으로 심화될 수 있기 때문에 모든 놀이지원 계획을 미리 수립하기는 어렵다. 교사는 매일 진행된 유아의 놀이를 기록하고 다음 날 지원할 내용을 간단히 계획할 수 있다. 매주 혹은 유아의 놀이주제에 맞추어 지원계획을 수립할 수도 있다.

계획안의 양식과 내용, 작성 주기는 각 기관의 실정과 철학, 학급의 상황 및 교사의 신념을 고려하여 자율적으로 결정한다.

(1) 월간교육계획

월간 교육계획안 작성 시 다음과 같은 사항을 고려하여 계획한다(교육부 · 보건복지부 · 육아정책연구소, 2019).

첫째, 유아가 경험한 놀이를 반영하고 교사가 계획했던 주제활동은 축소한다.

둘째, 교사가 계획한 주제가 아닌 예상하지 못했던 다양한 유아의 놀이진행을 존중하고 지원하면서 유아가 실행한 경험을 중심으로 월간교육계획을 작성한다.

셋째, 유아들이 현재 경험하고 있는 놀이를 지원하기 위해 놀이와 관련된 주제로 이야기나누기, 게임, 동화, 음률활동 등의 활동을 제공하여 놀이를 보다 풍부하게 지원할 수 있다.

넷째, 교사의 월간 교육계획안은 실행과정에서 유아들의 놀이가 변화됨에 따라 놀이지원을 계속하면서 변화되어야 한다.

다음은 생활주제 '봄'과 관련하여 교사가 작성한 월간계획안과 유아의 관심과 놀이변화를 반영하여 두 개의 놀이주제를 반영한 월간 교육계획안의 예이다.

생활주제에 맞게 계획된 월간계획안의 예

<table>
<tr><th>주제</th><th colspan="4">봄</th></tr>
<tr><th>주</th><th>5월 1주</th><th>5월 2주</th><th>5월 3주</th><th>5월 4주</th></tr>
<tr><td>자유
선택
활동</td><td colspan="4">• 봄꽃 만들기
• 모형 꽃, 화분으로 놀기
• 산책 사진으로 만든 책
• 봄의 곤충 그림자책
• 꽃가게 꾸미기
• 꽃씨 마라카스
• 씨앗 그림책
• 꽃가게놀이
• 티슈로 나비 만들기
• 꽃 모양 막대인형</td></tr>
<tr><td rowspan="2">대 · 소
집단
활동</td><td colspan="2">• 동화「우리 가족」</td><td colspan="2">• 동화「봄 소풍」</td></tr>
<tr><td>• 노래「봄에 피는 꽃」</td><td>• 봄꽃 찾아오기 게임</td><td>• 노래「씨앗이 자라서」</td><td>• 노래「개미」
• 애벌레 신체표현하기</td></tr>
<tr><td>바깥
놀이</td><td>• 꽃길 산책하기
• 상자 돗자리 깔고 놀이하기</td><td>• 꽃모종 심기</td><td>• 풀 찧어 소꿉놀이 하기</td><td>• 개미 찾아보기</td></tr>
<tr><td>행사
일정</td><td colspan="2">• 5일: 원 내 어린이날 행사
• 22일: 원 내 손 씻기 교육</td><td colspan="2">• 8일: 원내 어버이날 행사 & 포토존
• 29일: 급식 도우미 활동</td></tr>
</table>

출처: 교육부 · 보건복지부 · 육아정책연구소(2019). 2019 개정 누리과정 교사연수자료: 강사용. 교육부. p.369.

유아의 관심과 흥미를 반영하여 두 개의 놀이주제로 운영한 월간 교육계획안의 예

<table>
<tr><th colspan="2">주제</th><th colspan="4">봄 / 반짝이끈
■ '봄' 주제와 유아에게서 발현된 '반짝이끈' 놀이주제가 동시에 진행됨</th></tr>
<tr><th colspan="2">주</th><th>5월 1주</th><th>5월 2주</th><th>5월 3주</th><th>5월 4주</th></tr>
<tr><td rowspan="2">놀이
(바깥놀이 포함)</td><td>봄</td><td colspan="2">• 봄꽃 만들기
• 모형 꽃, 화분으로 놀기
• 산책 사진으로 만든 책
• 봄의 곤충 그림자책
• 풀 찧어 소꿉놀이하기</td><td>• ~~꽃가게 꾸미기~~
• ~~꽃씨 마라카스~~
• 씨앗 그림책
• 꽃길 산책하기
• 개미 찾아보기</td><td>• 꽃가게놀이
• ~~티슈로 나비 만들기~~
• ~~꽃 모양 막대인형~~
• 꽃모종 심기
• 상자 돗자리 깔고 놀이하기</td></tr>
<tr><td>반짝이끈</td><td colspan="4">• 반짝이끈 가지고 나가 놀기
• 반짝이끈 나뭇가지에 묶기
• 반짝이끈으로 만든 도구로 운동하기
■ 유아의 흥미에 따라 새로운 놀이주제 '반짝이끈'이 시작되었고, 이를 반영함</td></tr>
<tr><td colspan="2" rowspan="3">활동</td><td colspan="4">• 우리 교실에는 어떤 장난감이 있으면 좋을까?
• 상자와 반짝이끈으로 어떻게 놀이할 수 있을까?
• 놀이의 진행과정에 따라 문제해결 의견 나누기
■ 유아의 흥미에 따라 새로운 놀이주제 '반짝이끈'이 시작되었고, 이를 반영함</td></tr>
<tr><td colspan="2">• 동화 「우리 가족」</td><td colspan="2">• 동화 「봄 소풍」</td></tr>
<tr><td>• 노래 「봄에 피는 꽃」</td><td>• ~~봄꽃 찾아오기 게임~~
• 반짝이끈으로 신체표현하기</td><td>• ~~노래 '씨앗이 자라서'~~
• 반짝이끈으로 게임하기</td><td>• ~~노래 '개미'~~
• 애벌레 신체표현하기</td></tr>
<tr><td colspan="2"></td><td colspan="4">■ 필요한 경우 활동을 통해 유아의 놀이를 지원함</td></tr>
<tr><td colspan="2">행사 일정</td><td colspan="4">• 5일: 원 내 어린이날 행사 • 8일: 원내 어버이날 행사 & 포토존
• 22일: 원 내 손 씻기 교육 • 29일: 급식 도우미 활동</td></tr>
</table>

출처: 교육부 · 보건복지부c(2019). 2019 개정 누리과정 놀이실행자료. 교육부. p.120.

(2) 주간교육계획

주간교육계획은 한 주 동안 유아가 경험한 놀이의 흐름을 놀이와 활동명으로 간단히 기록하고, 그 모습을 사진, 메모, 동영상 등 다양한 방법으로 수집하여 제시한다. 또한, 놀이관찰을 반영한 간단한 유아평가와 다음 주에 예상되는 놀이와 교

사의 지원계획을 제시한다. 매 활동마다의 평가가 아닌 놀이의 흐름을 보다 긴 호흡으로 제시하고, 부모님과 함께할 내용도 제시하여 놀이에 대한 부모의 참여와 지원을 요청할 수 있다. 주간 교육계획안의 양식은 각 기관 혹은 학급 차원에서 자율적으로 결정할 수 있다(교육부 · 보건복지부 · 육아정책연구소, 2019).

실행된 교육과정과 예상놀이주제를 기록한 주간 교육계획안의 예

기간: 20○○. ○. ○.(월) ~ 20○○. ○. ○.(금)

<table>
<tr><td rowspan="2">새싹반
이번 주
활동</td><td>놀이</td><td colspan="3">여러 가지 돌과 흙 탐색하기
광목 흙 인형놀이</td></tr>
<tr><td>활동</td><td colspan="3">비 오는 날 산책하기 / 흙이랑 놀아요 모래놀이 / 텃밭 가꾸기</td></tr>
<tr><td>놀이사진</td><td colspan="2">
</td><td colspan="2">
 </td></tr>
<tr><td>이번 주
유아들의 관심</td><td colspan="2">• 흙이 서로 달라요.
• 흙에도 색깔이 있어요.</td><td colspan="2">• 돌은 여러 가지 종류가 있어요.
• 돌로 여러 가지 놀이를 할 수 있어요.</td></tr>
<tr><td rowspan="2">다음 주
예상관심과
놀이</td><td colspan="2">• 빛은 예쁜 색깔이 있어요.</td><td>• 무지갯빛이 궁금해요.</td><td>• 빛은 왜 다 달라요?</td></tr>
<tr><td colspan="4">• 다음 주에는 새싹반 유아들과 반짝이는 '빛'에 대해 탐색하고 놀이할 것으로 예상됨. 한 주간 햇살처럼 반짝이는 유아들의 즐거운 시도가 가득하길 기대해 봄</td></tr>
<tr><td>학부모님과
함께할 내용</td><td colspan="4">• 집 주변에서 볼 수 있는 흙과 돌에 관심을 가질 수 있도록 학부모님이 함께 놀이해 주실 수 있도록 안내하기
• 흙과 돌과 관련된 재미있는 놀이나 경험을 한 유아가 있다면 클래스팅에 관련 사진과 이야기를 올려 주시도록 안내하기
• 다른 유아들과 함께 보며 자신의 경험을 즐겁게 나눌 것임에 대해 안내하기
• 흙과 돌, 빛과 관련된 도서 및 자원을 기관으로 보내 주시도록 안내하기</td></tr>
</table>

출처: 교육부 · 보건복지부(2019). 2019 개정 누리과정 놀이실행자료. 교육부. p.132.

실행된 교육과정을 반영하여 수정한 주간 교육계획안의 예

<table>
<tr><th>기간</th><td colspan="2">20○○년 ○월 ○일~ ○월 ○일</td><th>연령</th><td>5세</td><th>담임</th><td></td></tr>
<tr><th>주제</th><td colspan="2">봄</td><th>소주제</th><td colspan="3">봄의 식물 + 봄나물</td></tr>
<tr><th>목표</th><td colspan="6">• 봄이 되어 변화하는 동 · 식물의 특성을 탐색한다.
• 동물과 식물을 보살피며 소중히 여기는 마음을 갖는다.</td></tr>
<tr><th>주</th><th>월</th><th>화</th><th>수</th><th colspan="2">목</th><th>금</th></tr>
<tr><th>등원 및 맞이하기</th><td colspan="6">• 등원 길에 보이는 봄의 식물에 관심 가지기</td></tr>
<tr><th>놀이</th><td colspan="6">• ~~개구리 연못 만들기~~ • 봄나물 식당 만들기
• ~~꽃가게놀이~~
• 여러 가지 식물도감
• 식물뿌리 관찰 • 봄나물 즙내기
• ~~봄을 담은 모빌~~
• 다양한 악기 소리 탐색</td></tr>
<tr><th>활동</th><td colspan="6">〈이야기나누기〉
• 봄의 식물
• 봄에 볼 수 있는 동물과 곤충
• ~~동 · 식물의 성장과정~~
• 봄나물 놀이 마무리
〈동시〉
• ~~호랑나비 하양나비~~
〈동시〉
• 꽃장수</td></tr>
<tr><th rowspan="2">바깥놀이</th><td colspan="6">• 개미 등 곤충 찾아보기 • 산책, 식물 탐색 • 들풀의 뿌리 관찰</td></tr>
<tr><td colspan="6">• ~~〈대체활동〉 장애물 공굴리기 / 2인 1각 굴리기~~</td></tr>
<tr><th>지역사회연계</th><td colspan="6">• 이야기 할머니 / ~~우당도서관 북버스~~
• 이야기 할머니와 산책하며 풀 이름 알아보기</td></tr>
<tr><th>기본생활습관</th><td colspan="6">• 이럴 땐 손을 꼭 씻어요</td></tr>
<tr><th>안전교육</th><td colspan="6">• 약물오남용: 약은 정해진 양만 먹어요</td></tr>
</table>

출처: 교육부 · 보건복지부(2019). 2019 개정 누리과정 놀이실행자료. 교육부. p.159.

어린이집 주간보육일지의 예 1

○○반 보육일지(만 세)

기간	년 월 일 ~ 월 일			담임	원장
❶ 이번 주 교사의 기대	친구와 함께하는 놀이가 이루어지고 있으므로, 친구와 더불어 즐겁고 활발하게 어울렸으면 함				
일과 요일	월	화	수	목	금
등원 및 통합보육 (7:30~9:00)					
오전간식 (9:00~9:20)					
❷ 오전 실내놀이 (9:20~10:40)	데굴데굴 자동차를 굴려요	------→	------→	------→	------→
	블록으로 만든 길	------→	------→	여러 가지 길 (오르막, 내리막, 넓고 좁은 길 등)	------→
	------→	------→	도로에서 볼 수 있는 것 (신호등, 표지판 만들기)	------→	------→
	다양한 자동차가 있어요	------→	내가 만든 자동차	------→	------→
	------→	------→	------→	내가 만든 자동차를 전시해요	------→
활동 (10:40~11:00)	------→	[교통안전교육] 신호등을 보고 건너요	내가 만든 자동차를 소개해요	자동차 길을 만들 때 조심해요	------→
바깥놀이(대체) (11:00~12:20)	놀이터에서 자동차 굴리기 * 유희실에서 자동차 굴리기	산책하며 자동차 길 살펴보기 * 유희실에서 자동차 굴리기	산책하며 자동차 길 살펴보기	놀이터에 길 만들기 * 복도에 길 만들기	------→
점심식사 (12:20~13:20)					
낮잠 및 휴식 (13:20~14:20)					

일과 \ 요일	월	화	수	목	금
❸ 오후놀이 (14:20~15:40)	오전에 진행되었던 자유놀이 확장하여 놀이하기				
오후간식 (15:40~16:00)					
귀가 및 통합보육 (16:00~17:00)					
❹ 놀이 평가 및 다음 날 지원계획	한 유아가 자동차 굴리기를 하자 아이들이 점차 관심을 보이며 주변으로 모여 놀이가 시작되었다. 자동차를 바닥에 굴리며 놀이하다가 블록으로 길을 만들어 그 위에서 움직이는 것으로 놀이가 변화하더니 놀이터에서도 자동차 굴리기가 계속되었다. 다양하고 넓은 공간에서 놀이해 볼 수 있도록 실외에서도 진행해 보아야겠다.	미세먼지로 인해 바깥놀이가 어려워 유희실에서 대체놀이가 진행되었다. 그에 따라 실내 놀이시간을 20분(9:20~11:00) 확대하고 바깥놀이 시간에 대체한 유희실 놀이는 1시간(11:20~12:20)으로 조정하여 진행하였다. 내일 미세먼지 수치가 낮아지면 충분한 바깥놀이 기회를 제공해 주어야겠다.	오늘은 미세먼지 수치가 낮아져서 어제 하지 못한 산책을 하며 자동차 길을 살펴보며 바깥놀이를 1시간 30분(10:50~12:20)으로 조정하여 진행하였다. 실외 공간에서 자동차 길을 만들며 안전문제가 발생하기 시작함에 따라 안전하게 놀이할 수 있는 방법에 대해 유아들과 이야기 나눌 필요가 있겠다.		
반 운영 특이사항	수족구 발생으로 결석 ○○○				

출처: 보건복지부 · 중앙육아종합지원센터(2020). 「2019 개정 누리과정」 보육일지 개선방향 및 일지양식예시. p.9.

❶ 개정 누리과정의 '추구하는 인간상'을 중심으로 이번 주에 유아가 어떻게 지냈으면 하는지를 기술

❷ 놀이시간에 정리 및 전이시간이 포함되므로 이를 고려하여 충분한 놀이시간을 확보 · 실시하고 놀이가 진행되는 흐름에 따른 각 놀이의 변화를 놀이명 수준으로 간단히 기록
- 추가되는 놀이는 파란색으로 기록

❸ 낮잠 후 자연스럽게 실시되는 놀이를 실내외 구분 없이 기록

❹ 실행된 놀이에 대한 간단한 평가, 일과계획에서 그날 변동된 시간, 운영의 특이사항 기록

어린이집 주간보육일지의 예 2

<table>
<tr><td colspan="3">주간보육일지(만　세)</td><td rowspan="2">결재</td><td>담임</td><td>원장</td></tr>
<tr><td colspan="2">기간</td><td>20　년　월　일 ~　월　일</td><td></td><td></td></tr>
<tr><td colspan="2">통합보육</td><td>등원(7:30~9:00)</td><td colspan="3">하원(16:00~17:00)</td></tr>
<tr><td colspan="2">일과(시간)</td><td colspan="4">계획 및 실행</td></tr>
<tr><td rowspan="3">일상생활</td><td>간식
(9:00~9:20)
(15:40~16:00)</td><td colspan="4"></td></tr>
<tr><td>점심식사
(12:20~13:20)</td><td colspan="4"></td></tr>
<tr><td>낮잠 및 휴식
(13:20~14:20)</td><td colspan="4"></td></tr>
<tr><td rowspan="2">❶ 놀이</td><td>실내놀이
(9:20~10:40)
(14:20~15:40)</td><td colspan="4">▶ 놀이상황
놀이터에서 진행한 나무껍질 딱지놀이를 교실에서도 계속하기 희망함. 미술 영역 등에서 다양한 재질의 종이를 찾더니 딱딱한 종이를 찾아 딱지접기를 함
▶ 놀이지원
유아들이 딱지에 관심이 높아 기존 재료 외로 부족한 두꺼운 재질의 종이, 잡지 등을 추가로 제시함. 또한, 유아들이 이야기하는 딱지 크기에 맞추어 종이를 잘라서 딱지 접기를 지원함</td></tr>
<tr><td>바깥놀이(대체)
(11:00~12:20)</td><td colspan="4">▶ 놀이상황
놀이터에서 유아들이 나무 밑에 떨어진 나무껍질을 수집하며 딱딱한 성질을 발견하더니 한 유아가 "이거 딱지 같아."라고 이야기함. 유아들이 나무껍질을 모아 딱지놀이를 시작함</td></tr>
<tr><td colspan="2" rowspan="2">활동
(10:40~11:00)</td><td colspan="4">▶ 교통안전교육
'신호등을 보고 건너요'라는 주제로 안전교육이 이루어지면서 길을 건너는 상황에 따라 안전하게 신호등을 보고 건너는 방법을 알아볼 수 있었음. 가정 연계로 유아들이 부모님과 신호등을 보고 길을 건너 볼 수 있도록 안전교육 내용을 안내해야겠음</td></tr>
<tr><td colspan="4"></td></tr>
</table>

❷

날짜	놀이평가 및 다음 날 지원계획	반 운영 특이사항
ㅇ일(월)	유아들이 다양한 재질을 활용할 수 있도록 재료를 추가로 제공할 필요가 있음. 딱지놀이 시 다른 놀이를 하는 유아들의 놀이공간이 확보될 수 있도록 실외 또는 유희실 등의 다양한 공간을 활용해야겠음	부모 개별면담 ○○○, ○○○, ○○○
ㅇ일(화)	미세먼지로 인해 실외에서 진행하고자 했던 딱지놀이를 유희실에서 진행하였음. 그에 따라 바깥놀이 대체활동시간을 1시간(11:20~12:20)으로 조정하였고 유아들의 요구에 따라 오전 실내놀이를 20분(9:20~11:00) 확대하여 진행하였음	미세먼지 발생으로 인해 유희실에서 대체놀이를 함
ㅇ일(수)	어제 진행하지 못한 실외 딱지놀이를 충분히 해 볼 수 있도록 바깥놀이시간을 1시간 30분(10:50~12:20)으로 확대하여 진행하였음	
ㅇ일(목)		
ㅇ일(금)		
❸ 다음 주 예상 놀이 및 지원계획	바깥놀이를 하면서 발견한 딱지놀이에 대한 유아들의 흥미가 지속되어 실내놀이에도 딱지놀이가 활발하게 진행되었으므로 충분한 놀이공간을 확보하기 위해 유희실을 활용하거나 영역을 통합하여 놀이공간을 마련해 주어야겠음	

출처: 보건복지부 · 중앙육아종합지원센터(2020). '2019 개정 누리과정' 보육일지 개선방향 및 일지양식 예시. p.13.

일과를 일상생활, 놀이, 활동으로 구분하여 계획 및 실행 내용과 지원계획을 작성함

❶ 놀이시간에 정리 및 전이시간이 포함되므로 이를 고려하여 충분한 놀이시간을 확보 · 실시하고 계획된 놀이와 우연히 일어난 놀이상황을 기록

❷ 실행된 놀이에 대한 간단한 평가, 일과계획에서 그날 변동된 시간, 운영의 특이사항 기록

❸ 한 주의 놀이평가를 바탕으로 다음 주 예상 놀이와 지원계획을 간략히 기록

(3) 일일교육계획

일일교육계획은 놀이시간에 정리 및 전이시간이 포함되므로 이를 고려하여 충분한 놀이시간을 확보 · 실시하고 계획된 놀이와 우연히 일어난 놀이상황을 기록한다. 실행된 놀이에 대한 간단한 평가와 다음 날 놀이지원을 계획하고 기록한다.

일과계획의 변화를 기록하고 일과운영을 간단히 평가한 예

일자	20○○년 ○월 ○일 ○ 요일	수업일수	○○○/○○○일
일과 시간표	09:00– 등원 09:10– 실내놀이 10:10– 오전간식 10:40– 바깥놀이 ~~11:40– 화장실 다녀오기~~ 12:10– 화장실 다녀오기 ~~11:50– 이야기나누기 '주말 지낸 이야기'~~ 12:20– 점심식사 ~~13:05– 동화 '구름'~~ 13:25– 귀가지도 및 하원		
누리과정 운영평가	• 나뭇가지를 탐색하고 스카프를 활용하여 놀이하는 시간이 길어져서 바깥놀이시간을 연장함 • 계획해 둔 이야기나누기와 동화활동은 반드시 진행하지 않아도 되는 활동이라고 판단함 • 점심식사시간을 여유 있게 계획해 두었기 때문에 식사 시작시간을 늦추어도 무리가 없다고 판단함		

출처: 교육부 · 보건복지부(2019). 2019 개정 누리과정 놀이실행자료. 교육부. p.96.

어린이집 일일보육일지의 예1

○○반 보육일지(만 세)

<table>
<tr><th>날짜</th><td>20 년 월 일</td><th>담임</th><th>원장</th></tr>
<tr><th>❶ 교사의 기대</th><td>친구와 함께하는 놀이가 이루어지고 있으므로, 친구들과 더불어 즐겁고 활발하게 어울렸으면 함</td><td></td><td></td></tr>
<tr><th>일과</th><th>계획 및 실행</th><th colspan="2">놀이평가 및 다음 날 지원계획 ❸</th></tr>
<tr><th>등원 및 통합보육
(7:30~9:00)</th><td></td><td colspan="2" rowspan="7">유아들이 자동차 경주 게임을 진행하며 속도의 차이에 대한 호기심이 생겼고 경사도나 바닥의 촉감에 따라 속도가 달라짐을 발견하게 되었다. 특히, 유아들이 바닥의 촉감에 관한 관심이 많아 내일은 다양한 촉감 길을 구성해 볼 수 있도록 자료를 추가로 제시해 주어야겠다.
또한, 유아들이 만든 자동차 길이 공간의 제약으로 끊기지 않고 이어질 수 있도록 교구장 및 책상을 정리하여 공간을 확장해 주어야겠다.</td></tr>
<tr><th>오전간식
(9:00~9:20)</th><td></td></tr>
<tr><th>오전 실내놀이
(9:20~10:40)</th><td>[데굴데굴 자동차를 굴려요]
자동차 굴리기를 하는 유아의 곁에 관심을 보이며 모여 둘이 놀이가 시작됨. 바닥에서 자동차를 움직여 굴려 보다가 한 유아의 어떤 자동차가 더 빠른지 대결을 하자는 제안에 자동차 경주가 진행되었고 더 빨리 자동차를 굴리기 위해 책상 위, 매트 등 공간을 바꾸어 가며 놀이하였음

[내가 만드는 자동차 길]
유아들이 자동차를 굴리며 놀이하다가 "자동차가 가는 곳은 어디지?" 하는 유아의 질문에 "음... 도로야!" 하고 대답한 것을 듣고 자동차 길 만들기가 이루어짐. 무엇으로 만들지 의견을 나누고 큰 벽돌블록, 작은 벽돌블록으로 만들어 봄. 자동차 길을 만든 뒤 터널이 있다는 유아의 말에 우유갑을 뜯어 길 위에 놓거나 반원 벽돌블록으로 만들어 봄</td></tr>
<tr><th>활동
(10:40~11:00)</th><td></td></tr>
<tr><th>바깥놀이(대체)
(11:00~12:20)</th><td></td></tr>
<tr><th>점심식사
(12:20~13:20)</th><td></td></tr>
</table>

일과	계획 및 실행	놀이평가 및 다음 날 지원계획
낮잠 및 휴식 (13:20~14:20)		
❷ 오후놀이 (14:20~15:40)		
오후간식 (15:40~16:00)		
귀가 및 통합보육 (16:00~17:00)		
❹ 반 운영 특이사항	부모 개별면담 진행 ○○○, ○○○	

출처: 보건복지부 · 중앙육아종합지원센터(2020). '2019 개정 누리과정' 보육일지 개선방향 및 일지양식예시. p.12.

❶ 개정 누리과정의 추구하는 인간상을 중심으로 유아가 오늘 하루 어떻게 지냈으면 하는지를 기술
❷ 낮잠 후 자연스럽게 실시되는 놀이를 실내외 구분 없이 기록
❸ 실행된 놀이에 대한 간단한 평가와 다음 날 놀이지원계획 기록
❹ 반 운영 특이사항(부모 면담, 안전사고, 감염병 발생 등) 기록

어린이집 일일보육일지의 예 2

<table>
<tr><td colspan="3" rowspan="2">일일보육일지(만 세)</td><td></td><td rowspan="3">결재</td><td>담임</td><td>원장</td></tr>
<tr><td></td><td rowspan="2"></td><td rowspan="2"></td></tr>
<tr><td colspan="2">기간</td><td colspan="2">년 월 일 ( ) 날씨:</td></tr>
<tr><td colspan="2">통합보육</td><td colspan="2">등원(7:30~9:00)</td><td colspan="3">하원(16:00~17:00)</td></tr>
<tr><td colspan="2">일과(시간)</td><td colspan="5">계획 및 실행</td></tr>
<tr><td rowspan="3">일상
생활</td><td>간식
(9:00~9:20)
(15:40~16:00)</td><td colspan="5"></td></tr>
<tr><td>점심식사
(12:20~13:20)</td><td colspan="5"></td></tr>
<tr><td>낮잠 및 휴식
(13:20~14:20)</td><td colspan="5"></td></tr>
<tr><td rowspan="2">❶ 놀이</td><td>실내놀이
(9:20~10:40)
(14:20~15:40)</td><td colspan="5">▶ 놀이상황
놀이터에서 진행한 나무껍질 딱지놀이를 교실에서도 계속하기 희망함. 미술 영역 등에서 다양한 재질의 종이를 찾더니 딱딱한 종이를 찾아 딱지접기를 함

▶ 놀이지원
유아들이 딱지에 관심이 높아 기존 재료 외로 부족한 두꺼운 재질의 종이, 잡지 등을 추가로 제시함. 또한, 유아들이 이야기하는 딱지 크기에 맞추어 종이를 잘라서 딱지 접기를 지원함</td></tr>
<tr><td>바깥놀이(대체)
(11:00~12:20)</td><td colspan="5">▶ 놀이상황
놀이터에서 유아들이 나무 밑에 떨어진 나무껍질을 수집하며 딱딱한 성질을 발견하더니 한 유아가 "이거 딱지 같아."라고 이야기함. 유아들이 나무껍질을 모아 딱지놀이를 시작함</td></tr>
<tr><td colspan="2">활동
(10:40~11:00)</td><td colspan="5">▶ 교통안전교육
'신호등을 보고 건너요'라는 주제로 안전교육이 이루어지면서 길을 건너는 상황에 따라 안전하게 신호등을 보고 건너는 방법을 알아볼 수 있었음. 가정 연계로 유아들이 부모님과 신호등을 보고 길을 건너 볼 수 있도록 안전교육 내용을 안내해야겠음</td></tr>
</table>

일과(시간)	계획 및 실행
❷ 놀이평가 및 다음 날 지원계획	딱지놀이가 지속적으로 진행되면서 유아들이 자신이 만든 딱지를 어디에 보관해야 할지 고민하는 모습을 볼 수 있었음. 내일은 유아들이 딱지 가방이나 보관함을 만들어 볼 수 있도록 종이상자, 리본끈 등의 조형재료를 추가로 제공해 주어야겠음
반 운영 특이사항	부모 개별면담: ○○○, ○○○, ○○○

출처: 보건복지부 · 중앙육아종합지원센터(2020). '2019 개정 누리과정' 보육일지 개선방향 및 일지양식예시. p.13.

❶ 놀이시간에 정리 및 전이시간이 포함되므로 이를 고려하여 충분한 놀이시간을 확보 · 실시하고 계획된 놀이와 우연히 일어난 놀이상황을 기록

❷ 실행된 놀이에 대한 간단한 평가와 다음 날 지원계획 및 반 운영 특이사항(부모면담, 안전사고, 감염병 발생 등)을 간략히 기록

CHAPTER 11

놀이 중심 교육과정에 기초한 유아교육과정의 운영

01 일과구성

02 놀이공간

03 놀이자료

04 상호작용

1. 일과구성

유아교육기관에서의 일과는 유아의 놀이, 일상생활 그리고 활동으로 구성된다. 교사에 의해 미리 계획된 일과도 유아와 함께 순서를 정하거나 날씨의 변화나 놀이에 대한 유아들의 흥미 지속 여부에 따라 융통성 있게 변화를 줄 수 있다(교육부 · 보건복지부c, 2019).

1) 일과구성 시 고려해야 할 사항

유아교육기관에서 일과를 구성할 때 고려해야 할 사항을 구체적으로 살펴보면 다음과 같다(교육부 · 보건복지부c, 2019).

일과구성 시 고려해야 할 사항

- 놀이시간을 충분히 운영한다.
- 일상생활이 융통성 있고 유아 주도적으로 이루어지도록 한다.
- 놀이와 연결하여 활동을 운영한다.
- 일과를 융통성 있게 운영한다.

(1) 놀이시간을 충분히 운영한다.

바깥놀이를 포함한 놀이시간은 놀이흐름이 끊어지지 않고 유아들이 놀이에 집중할 수 있도록 충분한 시간을 편성하도록 한다.

봄동산 꾸미기에 몰입한 유아들이 실제 놀이시간을 훌쩍 지나서 완성한 봄동산을 하원 전에 친구들에게 소개하고 있는 모습

(2) 일상생활이 융통성 있고 유아 주도적으로 이루어지도록 한다.

일상생활은 유아의 기본적인 욕구충족과 놀이를 위한 심신의 건강을 도모하는 시간으로 편안하고 즐겁게 운영되도록 편성한다.

유아들은 일상생활을 통해 기본생활습관과 안전을 익히고, 인성을 형성하게 된다. 교사는 유아가 자율적으로 일상생활을 할 수 있도록 충분한 시간을 주고 유아가 편안하고 즐겁게 생활할 수 있도록 지원한다.

교사는 간식이나 화장실 다녀오기 등 유아의 기본적 욕구와 관련된 일상생활은 놀이과정 중에도 허용할 수 있도록 한다. 또한, 매일 반복되는 일상생활을 놀이와 같은 방식으로 즐길 수 있도록 유아들과 함께 방법을 찾아보고 지원하도록 한다.

직접 재배한 콩나물로 콩나물국을 요리하여 간식시간에 감자튀김과 같이 먹고 있는 종일반 유아들

(3) 놀이와 연결하여 활동을 운영한다.

교사는 유아의 놀이를 관찰하고, 놀이를 촉진시키기 위해 이야기나누기, 노래, 동화, 게임 등 다양한 형태의 활동을 지원할 수 있다. 활동은 교사가 계획하여 지원할 수도 있고, 유아들이 함께 의논하여 준비할 수도 있다. 활동집단은 학급 전체가 될 수도 있고 관심 있는 소집단의 유아가 될 수도 있다. 또한, 활동시간은 교사가 계획한 시간에 진행될 수도 있지만 놀이 중간에 잠깐씩 모여 활동을 한 후 다시 놀이와 연결될 수 있다.

「피터와 늑대」 음악극 공연에 참여하는 유아들이 하원 전 자투리시간을 이용해 모여 음악극에 필요한 것과 재료 등을 계획하고 소품, 가면 등을 만들어 학급 전체 유아들 앞에서 공연을 하고 있는 모습

활동의 내용은 유아들의 놀이를 지원하거나 놀이 중 발생한 문제해결을 위한 내용으로 구성한다. 활동의 방법은 유아들이 활동에 즐겁게 주도적으로 참여할 수 있도록 허용하고 격려하는 교수방법을 사용한다.

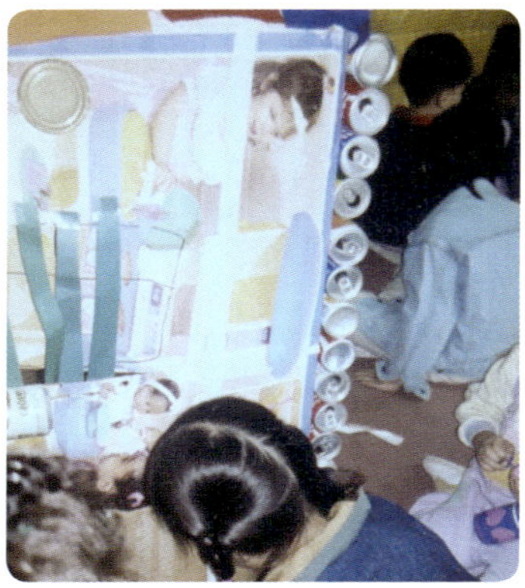

10월 교통기관이 생활주제여서 자동차정비소 견학 후 자동차를 만들어 보도록 유아들에게 박스를 제공하였으나 집을 만들겠다고 하여 유아들에게 다양한 종이와 캔 등의 재활용품을 지원하였다. 유아들은 원하는 위치에 문과 창문을 그리고 자르는 부분은 교사의 도움을 받아 완성하였다. 또한, 미술 영역에 있는 빵끈으로 문의 손잡이를 요구르트병을 잘라 벨을 달고 색종이와 한지, 핑킹가위 등을 사용하여 지붕을 꾸미고 창문은 색지를 길게 자른 것을 붙여서 우리 집을 예쁘게 꾸몄다. 또한, 벽에는 양면테이프를 붙이고 캔을 사용하여 붙였다. 유아들은 완성한 집을 반 옆 복도에 전시하기로 하여 배치해 놓았다. 어린 반 유아들도 유아들이 만든 집을 함께 공유하면서 상업화된 놀이집보다 더 즐겁게 놀이를 하였다.

(4) 일과를 융통성 있게 운영한다.

일과의 순서는 일관성이 있으면서도 융통성 있게 운영되도록 한다. 교사는 전날의 놀이흐름에 대한 기록과 평가를 반영하여 다음 날의 일과 순서를 조직할 수 있다.

다른 연령의 유아들과 놀이경험을 공유하기 위해 교사들 간 협의를 통해 일과를 조율하거나 날씨나 자연현상에 대한 유아들의 관심을 반영하여 일과 순서를 조정할 수 있다.

이날은 실제 다른 활동들이 계획되어 있었지만 눈이 온 다음 날이어서 눈이 녹기 전 유아들과 눈이 내린 주변 환경을 돌아보는 시간을 갖기로 하였다. 유아들은 길바닥에 얼어붙은 얼음이나 처마 밑 고드름, 눈이 살포시 쌓인 풀잎 등을 주워 왔고 교실로 가지고 들어와 옹기종기 모여 현미경으로 눈과 얼음 입자를 관찰하였다.

2) 영아를 위한 일과구성

영아를 위한 일과운영이 효율적으로 이루어지기 위해 고려해야 할 사항은 다음과 같다(삼성복지재단, 2003).

첫째, 영아를 위한 일과운영은 간식, 배변, 잠자기, 휴식 등 영아의 신체리듬과 개별적 요구에 맞게 일상생활 중심으로 계획하며, 신체 · 탐색 · 표현 · 언어 등의 활동이 균형 있게 이루어질 수 있도록 운영한다.

둘째, 개별 영아의 생리적 요구에 맞춰 영양을 공급하여 영아의 성장을 돕는다.

셋째, 하루일과는 정해진 순서대로 진행하여 영아의 심리적 안정을 돕고, 활동시간은 영아 개개인의 욕구를 충족시킬 수 있도록 융통성 있게 진행한다.

넷째, 놀이나 활동은 영아 한 명 또는 소집단으로 진행되도록 한다. 영아는 대집단 활동을 하기에는 어리기 때문에 개별적 상호작용과 배려를 더 필요로 한다. 대집단 활동을 계획할 때는 횟수가 많지 않아야 하며, 그 활동시간이 너무 길지 않게 해야 한다.

다섯째, 혼자서 걸을 수 있게 되면서 활동 영역이 넓어지고 신체적 활동의 욕구가 강한 시기이므로 산책 및 바깥놀이시간을 충분히 주어 영아가 자유롭게 움직일 수 있는 기회를 준다.

여섯째, 만 1세를 넘어서면서 규칙적인 수면을 취할 수 있고 낮잠시간도 줄어들어 오후에 1회 정도만 낮잠시간을 계획하며, 낮잠시간에 영아가 집에서 가져온 이불이나 장난감을 가지고 잘 수 있도록 배려한다.

영아반 일과구성의 예

시간	하루일과
7:30 ~ 9:00	등원 및 통합보육
9:00 ~ 9:20	오전간식
9:20 ~10:40	오전 실내놀이 [데굴데굴 자동차를 굴려요] [내가 만드는 자동차 길]
10:40 ~ 11:00	활동 [교통안전교육]
11:00 ~ 12:20	바깥놀이(대체) [바깥놀이] 놀이터에서 자동차 굴리기 [대체놀이] 유희실에서 자동차 굴리기
12:20 ~ 13:20	점심식사
13:20 ~ 14:20	낮잠과 휴식
14:20 ~ 15:40	오후놀이
15:40 ~ 16:00	오후간식
16:00 ~ 17:00	귀가 및 통합보육

출처: 보건복지부 · 중앙육아종합지원센터(2020). 「2019 개정 누리과정」 보육일지 개선방향 및 일지양식예시. p.12.

영아를 위한 주요 일과구성을 살펴보면 다음과 같다(김미경 외, 2018).

(1) 등원

등원 시 교사는 부모와 영아의 전날 건강상태, 심적 상태, 식사 여부, 배변, 투약의뢰에 대한 정보를 교환한다. 부모를 직접 만나지 못할 경우 부모가 수첩에 기입한 내용을 자세히 확인한다.

교사는 영아와 부모가 안정된 상태에서 헤어질 수 있도록 배려해야 한다. 등원을 통해 영아는 교사로부터 환영받는다는 느낌을 갖고, 친구들과 만나 인사를 나누며 사회적 관계를 맺는 기술도 배우게 된다.

(2) 실내놀이

실내놀이는 교사가 구성한 흥미 영역에서 자유롭게 놀이하는 시간이다. 교사는 영아에게 발달적 수준에 적합한 교재교구를 제공하고 탐색할 수 있는 충분한 시간을 주도록 한다.

가능한 한 영아 자신의 흥미에 따라 자유롭게 놀 수 있도록 격려하며, 교사는 한 흥미 영역에 주제와 관련된 다양한 교재교구와 활동을 계획하고 개별적인 상호작용으로 영아의 놀이를 격려해 주어야 한다. 정적 활동과 동적 활동의 균형이 이루어져야 하며, 영아 스스로 활동의 양을 조절할 수 있도록 돕는다.

(3) 바깥놀이

바깥놀이는 영아에게 대근육을 발달시킬 수 있는 기회를 제공하고 실내에서 경험하는 것과 다른 환경을 탐색할 수 있도록 산책, 자연물 탐색, 물놀이, 모래놀이, 그림 그리기 등 다양한 형태로 계획한다.

바깥놀이 전에 영아의 기저귀 상태를 확인하고 미리 화장실에 다녀오게 한다. 바깥놀이시간이나 하루일과 중에 어린이집 주변을 산책할 시간을 계획하는 것이 좋으며, 산책을 통해 나무, 돌, 하늘, 새와 곤충 등을 접하며 자연에 대한 친숙함을 지니게 된다. 걷지 못하는 영아도 유모차를 태워 정원이나 공원을 산책하는 시간을 자주 갖는 것이 좋다.

(4) 대 · 소집단 활동

교사 주도의 대집단 활동보다는 영아가 개별적으로 탐색하고 조작하는 활동이 주로 이루어지도록 한다.

만 2세 정도가 되면 또래와 함께 놀이를 하며 교사가 준비한 활동에 주의집중시간이 늘어나게 되는데 신체활동, 동화 듣기, 노래 부르기, 게임 등 더 다양한 활동이 이루어질 수 있으나 영아의 발달수준에 맞고 너무 길지 않은 수준에서 활동이 이루어질 수 있도록 한다.

(5) 간식 및 식사

영아는 월령이나 개인차에 따라 수유 및 이유식, 간식 및 점심이 달라질 수 있으므로 개별 영아의 생리적 욕구를 파악하여 적절히 제공해 주도록 한다.

식습관 지도는 일찍부터 시작하여 스스로 먹을 수 있도록 한다. 손 씻기, 정리하기, 바르게 앉아 먹기, 숟가락이나 포크 바르게 잡기, 남기지 않기, 골고루 먹기 등 올바른 식습관과 태도를 형성할 수 있도록 지도한다. 또한, 식습관 지도는 가정과 연계를 가지고 일관성 있게 이루어지는 것이 좋다.

특정 음식을 먹지 않거나 새로운 음식을 거부할 때는 맛만 보게 하거나 점진적으로 양을 늘려 음식에 대한 거부감을 줄이고 미리 적은 양을 배식해 다 먹었을 때 긍정감과 성취감을 느낄 수 있도록 한다.

과일화채 간식과 생일을 맞이한 영아와 다른 유아들이
함께 생일 축하 케이크를 나눠 먹고 있는 모습

(6) 휴식 및 낮잠

휴식 및 낮잠은 활동을 통해 에너지를 소모한 영아들이 피로를 풀고 정서적 안정을 취하는 필수적인 시간이다. 따라서 영아의 수면습관, 수면시간, 깨어났을 때의 정서상태를 잘 파악하고 배려해 주어야 한다.

영아가 편히 쉬거나 잘 수 있도록 습도, 온도, 채광 등 물리적 환경을 잘 조절하고, 이불과 베개 등은 집에서 사용하는 것을 가져와 개별적으로 사용하도록 하고 편안함을 줄 수 있도록 한다. 잠을 잘 때 조용하고 편안한 분위기의 음악을 틀어 주어 기분 좋게 잠이 들도록 한다. 먼저 잠에서 깬 영아들은 화장실을 다녀오거나 개별활동을 할 수 있도록 배려한다.

(7) 배변 및 씻기

배변 및 씻기는 주로 간식 및 점심 전후, 낮잠 전후, 실내활동 및 바깥놀이 전후에 이루어지나 영아의 생리적 욕구를 반영하여 정해진 시간과 관계없이 이루어질 수 있도록 배려한다.

기저귀를 사용하는 영아의 경우 교사는 영아와 눈을 맞추고 상호작용을 하면서 기저귀를 갈아 주도록 한다. 2세경부터 대소변을 가리기 시작하는데 교사는 스스로 성취했다는 경험을 갖도록 한다. 영아에게 심리적 압박을 주지 않고 준비가 되었는지 확인 후 스스로 할 수 있도록 도와준다.

(8) 정리정돈 및 전이활동

놀이시간이 끝난 후 영아가 사용한 놀잇감을 정리할 수 있도록 돕는다. 정리정돈을 알리는 음악이나 신호를 정해 영아가 정리시간임을 알 수 있도록 한다. 교구장과 교구 바구니에 교구 이름이 쓰인 교구 그림이나 사진을 붙여서 영아가 사용한 놀잇감을 어디에 두어야 될지 쉽게 찾을 수 있도록 한다.

전이시간은 놀이정리, 대 · 소집단 활동 준비, 점심시간 전후, 장소의 이동과 같은 짧은 시간이다. 전이시간은 짧지만 어떻게 구성할지 사전에 준비가 필요하고 영아들이 알 수 있도록 미리 이야기해 주도록 한다.

(9) 하루 마무리 및 귀가

일과를 마치고 귀가 전에 영아의 신체와 정서 상태를 잘 살피고 그날의 배변, 수면, 특이사항을 일일보육일지와 영아수첩에 기록한다. 보호자가 도착하면 보육일지 및 영아수첩기록을 바탕으로 보호자와 대화를 나누고 귀가지도를 마무리한다.

3) 유아를 위한 일과구성

유아반 일과구성의 예(유아의 흥미와 요구을 반영하여 수정된 일과구성의 예)

시간	하루일과
9:00	등원
9:10 ~ 10:10	실내놀이
10:10 ~10:40	오전간식
~~10:40 ~ 11:40~~ 10:40 ~ 12:10	바깥놀이
~~11:40 ~ 11:50~~ 12:10 ~ 12:20	화장실 다녀오기
~~11:50 ~ 12:05~~	활동 ~~[이야기나누기 '주말 지낸 이야기']~~
~~12:05 ~ 13:05~~ 12:20 ~ 13:25	점심식사
~~13:05 ~ 13:25~~	활동 ~~[동화 '구름']~~
13:25 ~ 14:00	귀가지도 및 하원

출처: 교육부 · 보건복지부c(2019). 2019 개정 누리과정 놀이실행자료. 교육부 .p.96.

유아를 위한 주요 일과구성을 살펴보면 다음과 같다(김미경 외, 2018).

(1) 등원

유아가 등원하기 전 교사는 유아교육기관의 실내 · 외 시설과 환경을 점검하고 안전과 위생에 유의한다. 교실은 환기하고 교구가 제자리에 정돈되어 있는지 자세히 확인한다.

교사는 유아가 등원하면 반갑게 맞이하며 인사를 한다. 또한, 부모로부터의 전달사항을 확인하며 유아의 건강 및 정서상태를 살핀다. 유아가 신발, 겉옷, 자기물건들을 스스로 정리할 수 있도록 안내한다.

(2) 실내놀이

실내놀이는 흥미 영역별로 구성된 실내환경에서 유아의 흥미, 요구에 맞는 활동을 유아가 자유롭게 선택하고 진행하는 활동시간이다.

실내놀이활동에서의 교사의 역할을 살펴보면 다음과 같다.

첫째, 유아가 다양한 활동을 선택할 수 있도록 주제와 관련된 활동을 소개하고 제공한다.

둘째, 유아와 함께 놀이에 참여하거나 놀이를 제안하고, 다양한 놀이활동 지원을 통해 놀이를 자극하고 놀이를 확장할 수 있도록 돕는다.

셋째, 유아의 놀이를 관찰하여 개별적인 흥미, 발달수준, 관심사를 파악하고 기록한다.

넷째, 놀이시설과 놀잇감을 보충하거나 유지하고, 안전하게 관리하여 유아가 즐겁게 놀이할 수 있는 교육적 환경을 마련한다.

- 언어 영역 놀이활동

- 수 · 조작 영역 놀이활동

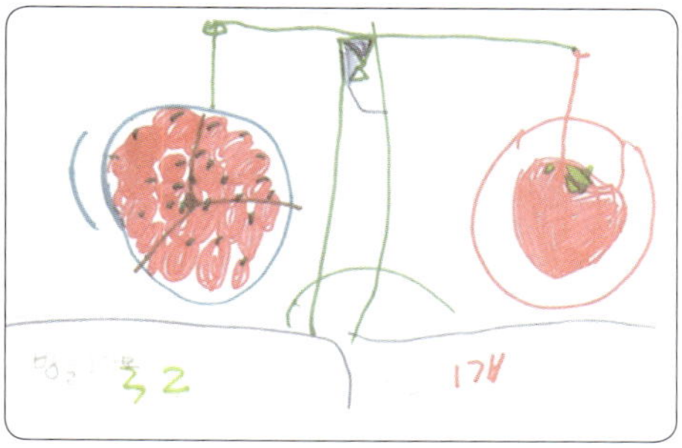

- 과학 영역 놀이활동(동 · 식물 관찰 및 기록)

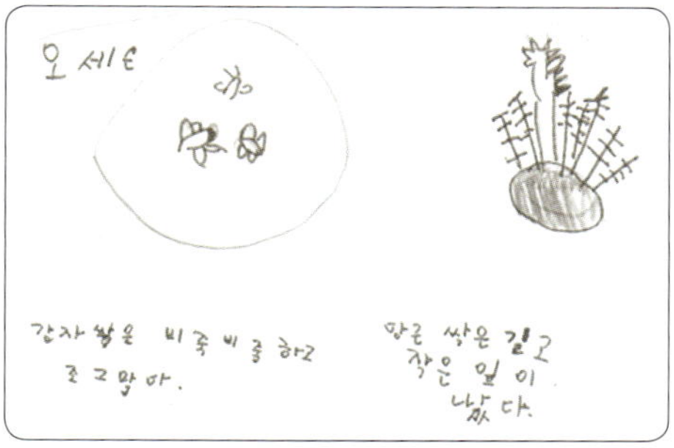

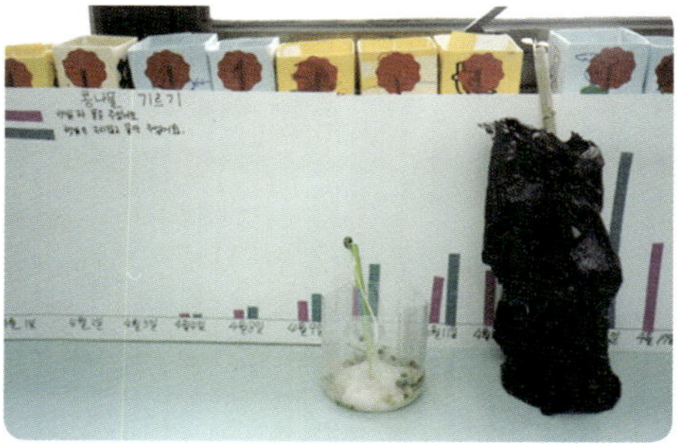

- 과학 영역 놀이활동(관찰도구의 사용)

- 과학 영역 놀이활동(자연물 수집 및 탐색)

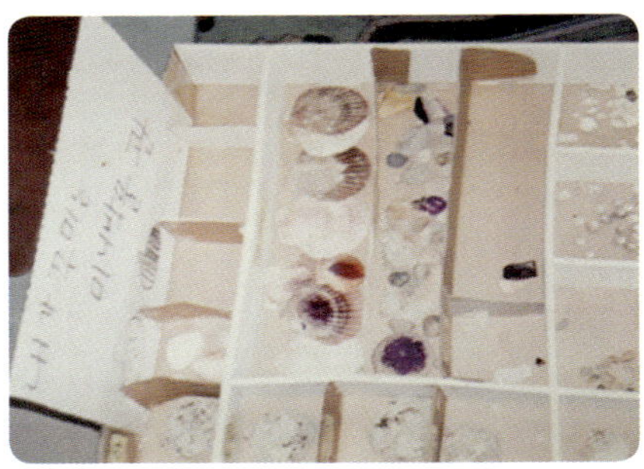

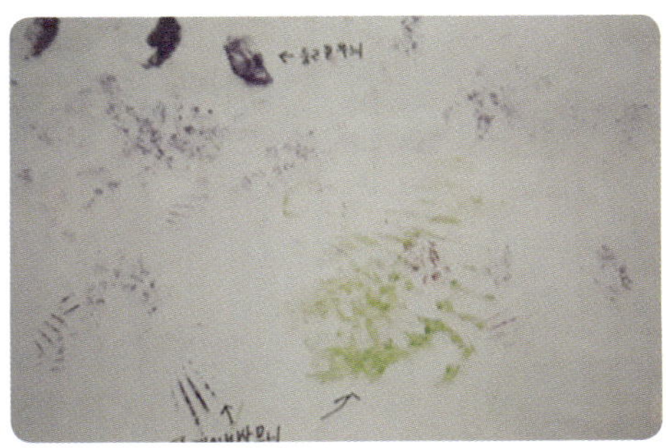

- 음률 영역 놀이활동

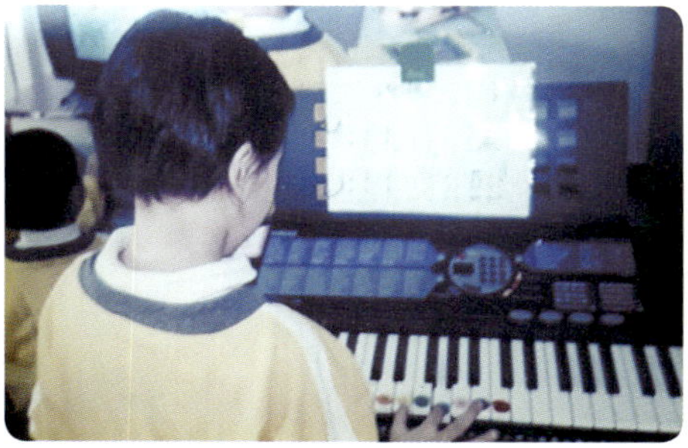

- 미술 영역 놀이활동

● 역할놀이 영역 놀이활동

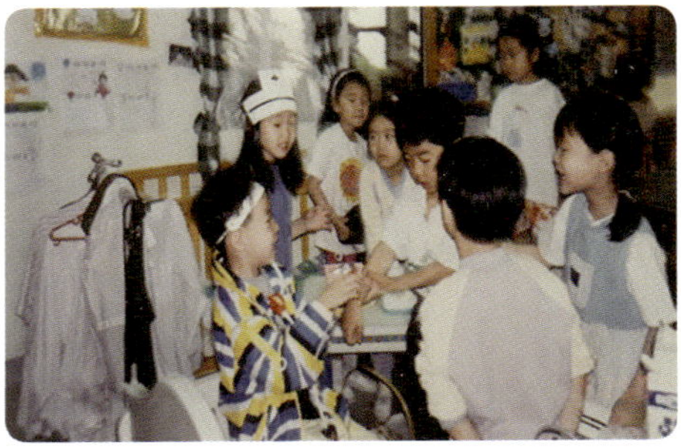

● 쌓기놀이 영역 놀이활동

(3) 대 · 소집단 활동

대집단 활동은 한 반의 유아가 모두 참여하는 활동으로 이야기나누기, 동화, 게임, 노래 등으로 이루어질 수 있다.

소집단 활동은 한 반을 절반으로 나누거나 6~8명의 소집단으로 구성하며, 한 교사가 자유선택활동시간을 이용해 진행하거나 다른 교사와 집단을 나누어 활동을 진행할 수 있다.

대 · 소집단 활동유형은 각 활동의 목적, 유아의 흥미나 요구에 따라 융통성 있게 운영한다.

- 대집단 활동– 이야기나누기

자유선택시간에 만든
우리 가족 신문을 소개하고 유아

집에서 가져 온 책을 소개하고 있는 유아

- 대집단 활동– 신체표현활동

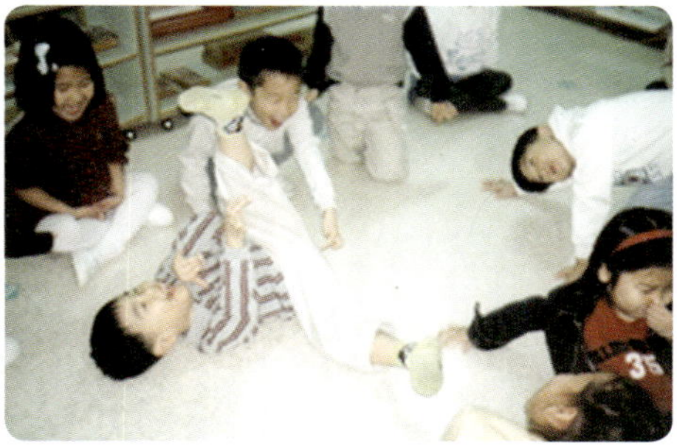

● 대집단 활동– 춤

● 대집단 활동– 게임

- 대집단 활동– 노래

노래–「요술빵」

노래극–「유리공주와 마귀할멈」

- 대집단 활동– 동시

- 대집단 활동– 동극

- 소집단 활동– 토론활동, 탐색활동

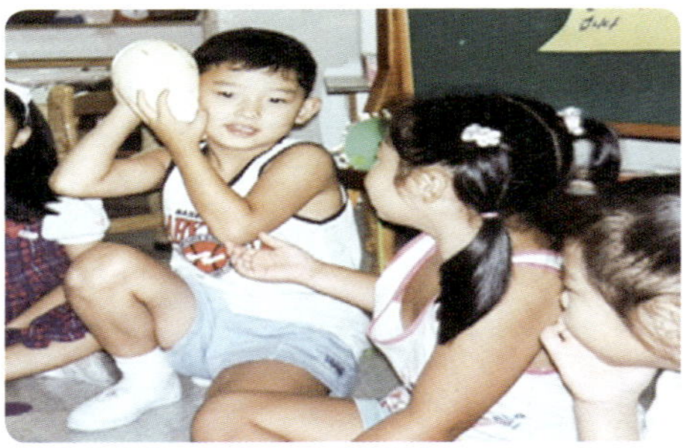

(4) 간식 및 점심시간

간식 및 점심시간은 성장기에 꼭 필요한 영양을 공급하고 활동을 통해 소비한 에너지를 보충하는 시간이다. 교사는 유아가 식사에 즐거움을 느끼고 올바른 식습관을 기르며 식사예절을 배울 수 있도록 지도한다.

오전간식은 반드시 제공해야 하나 점심시간을 고려해 너무 부담스럽지 않게 준비하며, 오후간식은 보다 충실한 식단으로 제공하는 것이 필요하다. 먼저 식사한 유아는 양치한 후 조용한 영역에서 개별활동을 하며 휴식을 취할 수 있도록 한다.

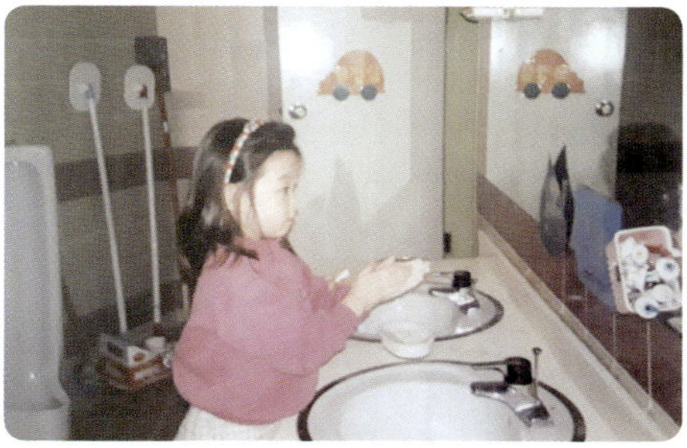

(5) 바깥놀이

바깥놀이는 유아가 바깥의 넓은 공간에서 뛰놀고 몸을 마음껏 움직이는 신체활동, 산책과 동·식물을 기르고 관찰하기와 같은 자연체험활동, 책 읽기·그리기·만들기 등의 정적인 활동, 물과 모래놀이 활동 등으로 구성된다. 바깥놀이 전에 안전과 관련된 사항을 유아와 미리 이야기하고 유아의 놀이를 세심히 관찰하면서 안전에 유의하도록 한다.

(6) 휴식 및 낮잠

동적 활동 후에는 정적활동을 계획하여 자연스럽게 휴식시간을 갖는다. 낮잠은 종일반의 경우 반드시 필요하며, 낮잠을 거부하는 유아는 조용한 활동을 하거나 누워서 쉴 수 있도록 배려한다.

(7) 정리정돈 및 평가

놀이활동이 끝난 후 유아가 자신이 사용한 교재교구를 제자리에 정돈한다. 활동이 더 진행되기 원하는 경우 유아들 간 약속을 정해 정리하지 않고 보관할 수 있도록 한다.

놀이활동에 대한 평가는 활동 후 유아들과 재미있었던 일, 아쉬웠던 일 등에 대해 자연스럽게 이야기 나누면서 이루어지도록 한다.

(8) 귀가

하루일과를 마치고 귀가할 때 교사, 친구들과 인사하면서 하루일과를 정리하고 평가한다. 하루일과 중 재미있던 일, 아쉬웠던 일 등에 대해 이야기 나누고 언어적 표현뿐 아니라 그림, 표정 등으로 다양하게 평가해 볼 수 있도록 한다.

귀가 시 유아가 자신의 옷과 가방, 전달사항 등을 챙기고 귀가할 수 있도록 돕는다. 일과 중 특별한 일이 있었던 유아의 경우 부모에게 즉시 알리고 가정에서의 유아지도에 도움이 되도록 한다.

2. 놀이공간

1) 놀이공간의 배치

개정 누리과정에서 놀이공간을 배치할 때 고려해야 할 사항에 대해 다음과 같이 제안하고 있다(교육부 · 보건복지부c, 2019).

놀이공간을 배치할 때 고려해야 할 사항

- 놀이공간을 융통성 있게 배치해 본다.
- 유아에게 공간 배치의 주도권을 주어 본다.
- 다른 놀이공간을 찾아본다.

(1) 놀이공간을 융통성 있게 배치해 본다.

교사는 유아교육기관과 자신의 교육철학, 교실의 물리적 특성, 유아의 연령과 흥미를 반영하여 자율적이고 융통성 있게 교실 공간을 구성할 수 있다.

또한, 놀이공간은 유아의 흥미와 놀이흐름에 따라 넓은 공간, 분리된 공간 또는 연결된 공간으로 융통성 있게 배치한다.

바다와 관련된 유아들의 상상놀이가 활발해지면서 쌓기놀이 영역에서 놀던 유아들의 놀이가 교실 전체로 확장되어 교실의 각 영역을 벽 쪽으로 밀어 유아들의 놀이공간을 확보한 예이다.

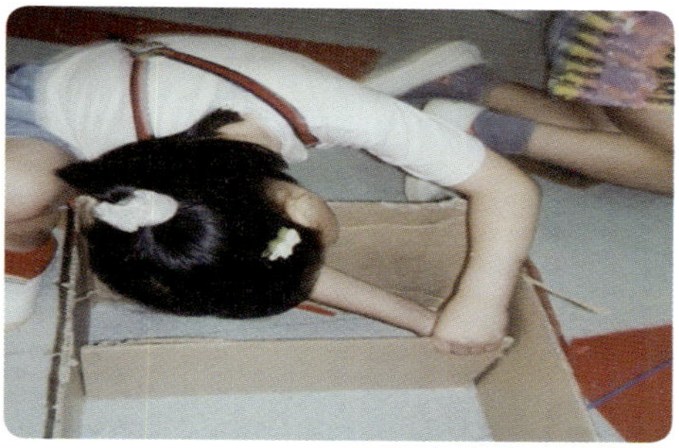
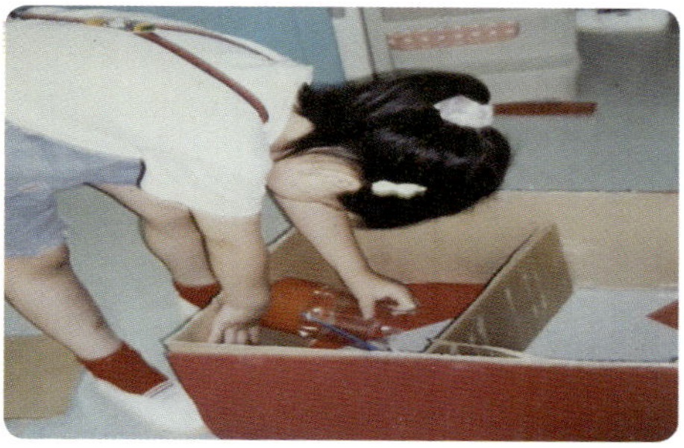
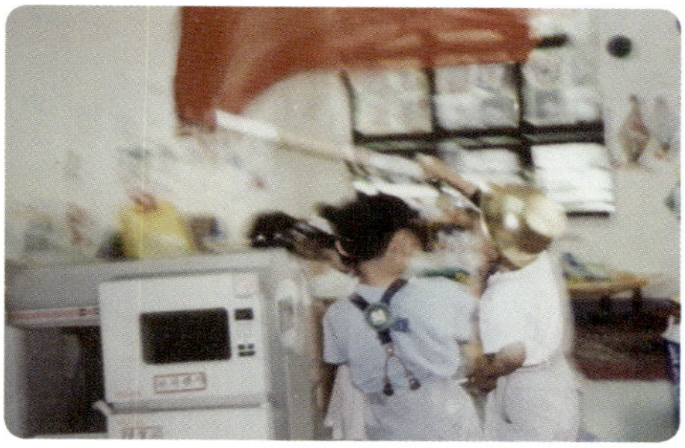

소방서 견학 후 유아들이 소방관놀이에 집중을 하였고 역할놀이 영역을 집이라 하고 불이 났다고 소방관이 출동을 하게 되었다. 이때 블록 영역에 있는 소방차는 작아서 소방관 역할을 하는 유아들이 탈 소방차가 필요함을 느끼고 소방차를 만들기로 하였다. 이에 교사는 박스와 빨간색 색지를 제공하였다. 한 여아가 블록 영역에서 소방차를 가지고 와서 참조하며 역할놀이에서 박스와 색지로 소방차를 만들었다. 소방차에 두 명은 타야 된다고 하면서 박스에서 일부분을 잘라 칸막이를 만들어 붙이고 자동차 핸들이 필요하여 페트병과 빨대를 미술 영역에서 가지고 와서 소방차의 핸들을 완성하였다. 소방차가 완성된 후 남아들은 빨간색 보자기와 휴지심을 이어 붙인 막대기를 사용하여 역할 영역에 불이 난 것으로 꾸며서 불을 끄는 놀이를 진행하였다.

→ 한 유아가 소방차 만들기 작업을 미술 영역이 아닌 역할 영역에서 진행하였고 소방차 만들기 작업이 끝난 후 유아들은 다른 유아가 만든 소방차를 타고 역할놀이 영역으로 와서 빨간색 보자기를 사용하여 불이 났다고 하면서 불을 끄는 소방관 역할놀이를 진행하였다. 유아들의 필요에 따라 꼭 미술 영역에서만 만들기 작업이 진행되어야 하는 것이 아니라 역할놀이 영역에서도 만들기 작업이 진행될 수 있으며, 이에 대한 교사의 융통성 있고 수용적인 태도가 필요하다. 이는 유아들의 창의적 놀이를 확장시키는 데 중요한 역할을 한다.

(2) 유아에게 공간 배치의 주도권을 주어 본다.

놀이공간은 유아가 뛰놀고 즐기는 삶의 공간이다. 교사는 유아의 흥미와 놀이흐름에 따라 유아 스스로 놀이공간을 변형시키거나 배치해 보도록 지원할 수 있다. 또한, 다수의 유아와 개별 유아의 놀이가 조화를 이룰 수 있도록 배려하는 것이 필요하다.

한 학부모님께서 역할놀이 영역에 달라고 미니 커튼을 기부해 주셨다. 학부모님이 주신 미니 커튼은 유아들이 주도적으로 어디에 달지 결정하고 직접 커튼을 달아보기로 하였다. 유아들은 커튼을 역할놀이 영역에 달기로 결정하였는데 어떻게 달지 고민이 생겨 토론을 하게 되었다. 결국, 커튼을 벽에 붙이기 위한 재료로 벨크로를 선택하고 벽에 붙이기로 하였다. 커튼에는 보슬보슬한 벨크로, 벽에 까끌까끌한 벨크로를 붙이기로 하였다. 처음에 커튼의 길이를 재지 않고 어림짐작으로 벨크로를 벽에 붙이고 커튼을 벽에 붙이려 하자 길이가 맞지 않았다. 그래서 처음에는 막대자를 사용하여 길이를 재었으나 나중에 교사가 제공한 줄자로 커튼의 길이를 잰 후 벽에 길이를 표시하여 커튼을 다는 데 성공하였다.

→ 영역의 소품과 관련된 작은 부분이지만 유아가 직접 주도적으로 배치할 수 있도록 결정권을 줌으로써 유아는 교실 영역의 주인은 자신이라는 생각과 자기 스스로 영역의 변화를 주고 배치를 할 수 있다는 자신감을 얻을 수 있다.

(3) 다른 놀이공간을 찾아본다.

유아는 놀이 중 스스로 발견한 공간에 관심과 애착을 보인다. 교사는 유아가 발견한 공간이 안전하다면 놀이공간으로 허용할 수 있다. 다만, 유아의 놀이가 안전하게 진행되도록 사전에 공간을 점검하고 위험요소를 제거하도록 한다. 또한, 유아들과 안전하게 놀 수 있는 방법 또는 공간을 활용할 수 있는 방법에 대해 이야기 나누는 시간을 갖도록 한다.

선생님의 결혼식에 화동으로 참석하거나 축하하러 참석했던 유아들이 결혼식에 대한 관심이 고조되어 결혼식 프로젝트를 진행하게 되었다. 유아들은 신부 대기실을 자신의 반이 아닌 교실 밖 공간을 활용하여 마련하였다. 교실 밖에도 풍선과 리본, 결혼 축하 문구 등을 걸어 두어 결혼식을 축하하는 분위기를 연출하였다.
→ 유아에게는 어디든 그들의 놀이공간이 될 수 있다.

2) 놀이공간의 구성

유아교육기관의 놀이공간은 유아의 성장과 발달에 매우 중요한 구성요소이다. 유아가 안정적인 분위기 속에서 즐겁게 생활하기 위한 놀이공간의 구성에 대해 살펴보면 다음과 같다(김미경 외, 2018; 양옥승 외, 2011; 정연희a, 2017).

(1) 영아를 위한 실내놀이 영역 구성

영아를 위한 놀이공간은 생활공간인 동시에 교육공간이다. 영아를 위한 놀이공간 구성 시 고려해야 할 사항을 살펴보면 다음과 같다(김미경 외, 2018; 양옥승 외, 2011).

첫째, 영아를 위한 놀이공간은 놀이하는 영아의 신체적 · 사회정서적 발달수준에 적합해야 한다. 0~1세반은 일상생활 영역과 함께 놀이활동을 구성하고 2세반은 놀이 영역을 중심으로 구성한다.

둘째, 영아의 건강과 안전을 위한 청결하고 위생적인 환경과 관리가 반드시 필요하다. 보육실의 수유, 급식, 배변지도 영역은 기본적으로 위생 관리가 용이하게 설계되어야 하며, 매일 청결하게 관리해야 한다. 영아들이 다치지 않도록 책상이나 교구장의 모서리가 날카롭지 않도록 하고, 영아가 삼킬 수 있는 작은 물건이나 놀잇감을 제공하지 않는다.

셋째, 정서적 안정감과 행복감을 주는 놀이공간을 구성한다. 놀이공간은 지나치게 자극적인 색감과 장식물은 피하고, 시각적 · 촉각적으로 포근하며 안정감을 줄 수 있는 색상, 디자인, 재질로 구성한다. 다른 영아들과 함께 지내는 공간, 혼자서 편히 쉴 수 있는 공간 등 영아의 기분, 상태, 흥미, 요구 등을 고려한 다양한 공간을 배치한다.

넷째, 영아의 움직임과 이동성을 고려한다. 영아기는 기기, 잡고 서기, 걷기 등을 배워 나가는 시기로 자연스러운 대근육활동 욕구에 따라 마음껏 움직일 수 있는 공간이 보육실 내 또는 인접 공간에 배치되는 것이 좋다.

다섯째, 영아의 놀이특성을 반영해 탐색과 놀이활동이 충분히 이루어지도록 다양한 놀이 영역으로 구성한다. 0세반에서 2세반으로 갈수록 놀이 영역의 수를 늘린다. 영아의 신체 영역은 보육실 내로 구성하고 놀이 영역은 조용한 놀이와 시끄러운 놀이를 구분하여 배치한다.

영아를 위한 실내놀이 영역구성을 살펴보면 다음과 같다(정연희a, 2017).

❶ 언어 영역

언어 영역은 창가 옆 밝고 아늑하고 조용한 곳에 책 읽기 영역, 말하기 영역, 듣기 영역 등으로 구성한다. 책 읽기 영역은 책꽂이, 소파, 넓고 푹신한 방석, 쿠션, 낮은 책상, 카펫, 천장 레이스 등을 배치하고 촉감책, 그림책 등의 놀이자료를 비치한다. 말하기 영역은 손인형이나 인형 등을 비치하고, 듣기 영역에는 카세트테이프, CD, CD플레이어 등을 비치해 놓는다.

❷ 탐색 영역

탐색 영역은 창가의 밝고 조용한 곳에 낮은 교구장과 책상을 놓아 구성한다. 주로 자연물, 동 · 식물, 여러 가지 사물의 관찰 및 탐색활동이 이루어진다. 영아가 다치지 않도록 안전을 고려하여 놀이자료를 비치한다. 예를 들어, 콩이나 쌀 등의 작은 곡식은 영아가 입에 넣고 삼키지 않도록 투명반구와 같은 교구 속에 넣고 관찰만 가능하도록 이음새를 막아 둔다. 동물을 관찰할 때에도 영아가 직접 관찰하기에 위험할 경우 관찰장 밖으로 꺼내기 쉽지 않도록 안전을 고려한다.

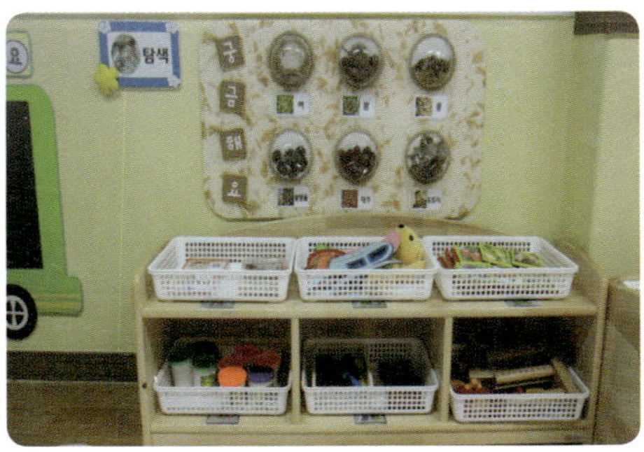

❸ 신체운동 영역

신체운동 영역은 영아의 대 · 소근육발달과 시각, 청각, 촉감 등의 감각을 자극할 수 있도록 걷기, 기기, 던지기 등의 교구를 배치한다. 영아의 안전을 위해 바닥에 푹신한 매트를 설치한다. 움직임이 많은 영역이므로 다른 영역의 활동에 방해되지 않고 영아들끼리 잘 부딪치지 않는 곳에 공간을 구성한다.

❹ 미술 영역

미술 영역은 조용하고 물을 사용할 수 있는 세면대와 수도시설, 낮은 책상, 그리기와 만들기 재료를 넣을 수 있는 낮은 교구장, 영아의 작품을 게시해 놓을 수 있는 빨랫줄이나 게시판으로 구성한다. 그리기 영역에는 종이, 도화지, 색연필, 크레파스 등의 그리기 도구를 비치하고 만들기 영역에는 안전가위, 색종이, 딱풀, 투명테이프, 상자, 점토 등을 비치한다.

❺ 음률 영역

음률 영역은 영아가 마음껏 탐색할 수 있는 딸랑이, 마라카스, 탬버린, 실로폰, 작은북 등의 리듬악기와 그림이 있는 간단한 노래가사판, 카세트테이프, CD, CD플레이어, 모형 마이크, 낮은 교구장으로 구성한다. 소음이 많은 영역이므로 다른 영역의 활동에 방해되지 않는 곳에 배치한다.

❻ 역할놀이 영역

역할놀이 영역은 밝고 아늑한 곳에 싱크대, 가스레인지, 옷걸이대, 역할놀이용 소품 보관대, 소파, 탁자, 인형, 소품, 안전매트 등으로 구성한다. 영아의 몸에 맞는 크기로 무독성의 나무나 플라스틱 재질의 교구를 사용하도록 한다.

❼ 쌓기놀이 영역

쌓기놀이 영역은 움직임이 많은 영역으로 소음방지를 위해 바닥에 안전매트를 깔고 종이블록, 나무블록, 끼우기블록, 커다란 레고블록 등의 블록류, 미니카, 동물, 나무, 집 등의 모형, 낮은 교구장으로 구성한다. 블록의 조작방법이나 예시를 벽면에 붙여 영아의 이해를 돕고 창의적 표현을 촉진시킬 수 있도록 한다.

(2) 유아를 위한 실내놀이 영역 구성

유아를 위한 실내놀이공간은 여러 형태의 교구장이나 분리대 또는 기타의 방법으로 각 영역을 구분하는 것을 말하며, 흥미 영역 또는 활동 영역이라고도 한다. 흥미 영역은 배치되었다 없어지기도 하고 크기가 조정되거나 영역이 통합되거나 바깥놀이 영역으로 확장되는 등 융통성 있게 운영될 수 있다. 또한, 영역 간 독립성을 보장하면서도 연계성이 이루어지도록 구성한다. 예를 들어, 미술 영역에서 만든 자동차를 가지고 블록 영역에서 자동차 도로를 함께 구성해 놀이를 하고 바깥놀이 영역에서 자동차 경주를 해 보는 활동으로 연계할 수 있다.

유치원 복도의 공유 영역에 역할놀이와 음률 영역이 설치된 예

유아를 위한 실내놀이 영역 구성을 살펴보면 다음과 같다(정연희a, 2017).

❶ 언어 영역

언어 영역은 창가 옆에 위치한 밝고 아늑하고 조용한 곳에 읽기, 말하기, 듣기, 쓰기 등의 영역으로 구성한다. 책 읽기 영역은 포근하고 안락한 소파 또는 쿠션, 낮은 책상, 매트, 책꽂이, 동화책, 주제 관련 정보제공책, 동시 및 동요판, 독서 후 느낀 점을 게시해 놓은 판 등을 배치해 놓는다.

말하기 영역은 손인형이나 인형극틀을 활용하여 상상놀이를 하거나 편안한 분위기에서 서로 의사소통을 할 수 있도록 천장 레이스와 편안한 쿠션 등을 배치해 놓는다.

듣기 영역은 유아가 동화내용을 들을 수 있도록 CD, CD플레이어, 녹음기와 녹음테이프, 헤드폰 등을 준비하고 사용법을 붙여 놓는다.

쓰기 영역은 활동지, 연필, 사인펜, 색연필, 지우개 등의 필기도구, 편지함, 쓰기활동 게시판 등을 준비한다.

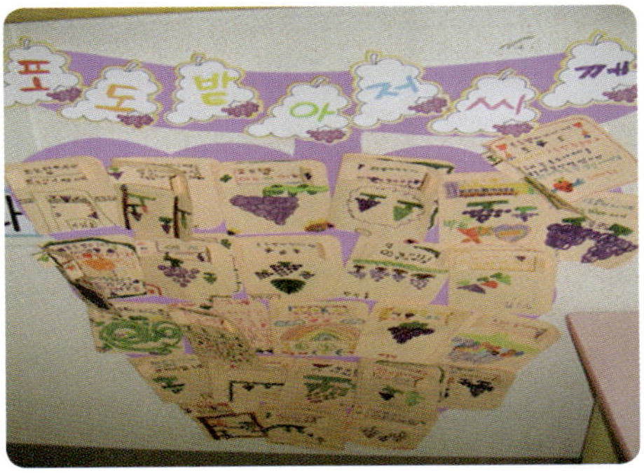

언어교구장에는 단어카드, 글자도장, 단어-그림 맞추기 퍼즐, 주제에 따른 언어 교구 등으로 구성되어 있다.

❷ 수·조작 영역

수 · 조작 영역은 유아들의 주의집중을 위해 조용한 곳에 교구장과 책상, 의자, 수 세기, 수 연산과 관련된 수 · 조작 교구, 퍼즐, 구슬꿰기 교구, 바느질 영역 등으로 구성한다.

수 · 조작교구는 주제에 맞게 바꾸어 주고 바느질 영역의 경우 책상과 의자를 별도로 배치하고 돗바늘, 털실, 활동지, 색연필 등을 놓아두고 사용법을 붙여 놓는다.

● 수 · 조작 영역

- 바느질 영역

❹ 과학 영역

과학 영역은 창가의 밝고 조용한 곳에 교구장과 책상을 놓아 구성한다. 주로 동 · 식물을 기르고 관찰할 수 있는 영역, 자연물이나 다양한 사물을 탐색할 수 있는 영역, 직접 실험과 조작을 해 볼 수 있는 영역, 주제에 따라 과학적 정보를 게시해 놓은 게시판 등으로 구성한다.

- 동 · 식물 기르기 영역

● 탐색 영역

- 실험 및 조작 영역

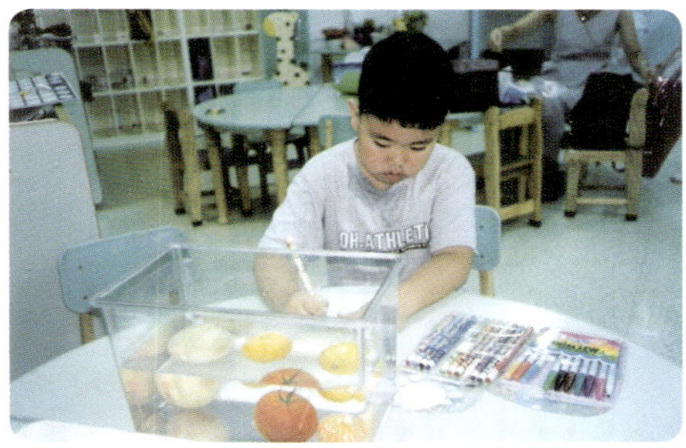

- 게시판

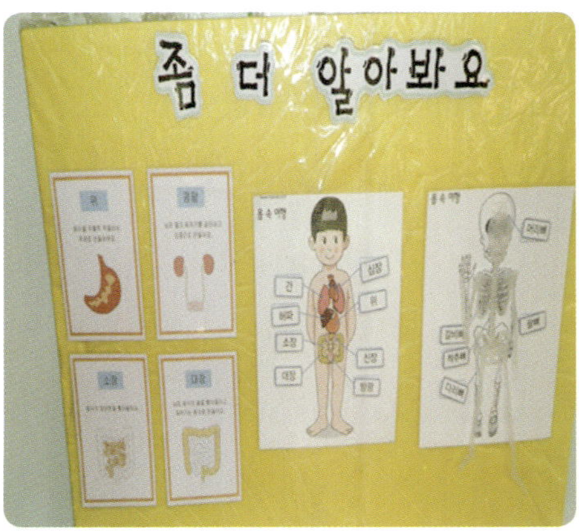

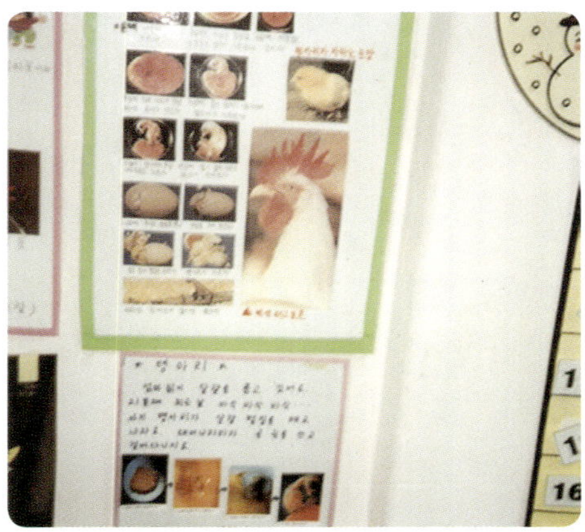

❺ 미술 영역

미술 영역은 조용하고 물을 사용할 수 있는 세면대, 수도시설, 책상, 의자, 그리기와 만들기 재료를 넣을 수 있는 교구장, 유아의 작품을 게시해 놓을 수 있는 빨랫줄이나 게시판 등으로 구성한다.

미술 영역은 그리기 영역, 만들기 영역, 종이접기 영역, 반죽 영역 등으로 나눌 수 있다.

그리기 영역에는 종이, 도화지, 색연필, 크레파스, 사인펜, 물감 등의 재료를 배치하고, 만들기 영역에는 다양한 재활용품(여러 가지 크기의 상자, 휴지심, 우유갑 등), 색종이, 딱풀, 유아용 가위, 투명테이프, 오공본드 등을 배치한다.

그 외에 종이접기 영역과 반죽 영역을 별도의 영역으로 구성한다. 종이접기 영역에는 종이를 접는 방법을 붙여 놓고 일정량의 색종이를 사용할 수 있도록 배치하고 반죽 영역에는 다양한 색깔의 컬러점토나 지점토, 밀대, 반죽도구 등을 배치한다.

- 그리기 및 만들기 영역

- 종이접기 및 반죽 영역

- 게시 영역

❻ 음률 영역

음률 영역은 소음이 많아 다른 영역과 떨어진 곳에 딸랑이, 캐스터네츠, 마라카스, 탬버린, 실로폰, 작은 북 등의 리듬악기, 그림이 있는 간단한 노래가사판, CD, CD플레이어, 모형 마이크, 녹음기, 녹음테이프, 헤드폰, 키보드 또는 피아노, 교구장 등을 배치한다.

❼ 역할놀이 영역

역할놀이 영역은 밝고 아늑한 곳에 싱크대, 가스렌지대, 화장대, 옷걸이대, 역할놀이용 소품 보관대, 소파, 탁자, 여러 가지 종류의 인형과 소품, 매트 등으로 구성한다.

❽ 쌓기놀이 영역

쌓기놀이 영역은 움직임과 소음이 많은 영역이므로 바닥에 소음을 흡수하고 충격을 완화할 수 있는 안전매트를 깔도록 한다. 우레탄블록, 종이블록, 나무블록, 끼우기블록, 레고블록 등의 다양한 블록, 자동차, 동물, 나무, 집 등의 모형과 교구장으로 구성한다.

쌓기놀이 영역에서 구성한 유아의 다양한 작품은 분해하여 재구성되기 때문에 사진을 찍어 제목이나 유아의 설명을 간단히 적어 벽면에 붙여 두면 유아의 활발한 활동을 격려하고 촉진시킬 수 있다.

(3) 바깥놀이 영역 구성

바깥놀이 영역은 실외에서 이루어지는 영유아의 놀이 영역으로 물놀이 · 모래놀이 영역, 동 · 식물 기르기 영역, 운동놀이 영역, 자전거 길, 블록 영역 등 실외에서도 다양한 활동이 이루어질 수 있도록 구성한다(김미경 외, 2018).

❶ 운동놀이 영역

미끄럼틀, 그물망, 흔들다리, 오름판, 그네, 시소, 종합놀이터 등으로 구성되어 있어 유아가 여러 가지 움직임을 경험할 수 있는 영역이다. 유아가 뛰어내리거나 넘어졌을 때 바닥이 안전한지 점검하고 운동놀이 영역에 들어가기 전 안전을 위해 지켜야 할 규칙에 대해 이야기 나누도록 한다.

❷ 물놀이·모래놀이 영역

물놀이 영역은 수도, 펌프, 물놀이대, 다양한 그릇, 구멍이 뚫린 용기, 투명한 호스, 바가지 등이 구비되어 있는 영역이다.

모래놀이 영역은 모래와 흙 파기 도구, 모래를 옮기고 담을 다양한 모양의 그릇 등이 구비되어 있는 영역이다.

물놀이 영역과 모래놀이 영역은 유아의 관심과 놀이흐름에 따라 함께 사용되기도 하고, 계절의 변화와 유아의 흥미에 따라 따로 사용되기도 한다.

❸ 동·식물 기르기 영역

동 · 식물 기르기 영역은 동 · 식물에게 먹이나 물을 주고, 동 · 식물을 관찰하고 기록하는 등의 경험을 할 수 있는 영역이다. 동 · 식물을 관찰하고 기록하기 위한 도구와 자료(돋보기, 관찰기록지, 쓰기도구 등), 동물을 기르기 위한 동물사육장,

도구와 자료(먹이통, 물통, 먹이주기 순서표 등), 식물을 기르기 위한 꽃밭과 텃밭, 도구와 자료(모종삽, 물뿌리개, 화분 등)를 준비한다.

❹ 자전거 길

자전거나 놀이용 자동차가 다니는 길에는 횡단보도, 중앙선, 회전선 등을 표시하고 교통신호등을 설치하여 교통규칙을 지킬 수 있도록 한다.

❺ 블록 영역

실외블록 영역은 실내보다 큰 크기의 블록 사용이 가능한 영역으로 물놀이 · 모래놀이와 연계하여 의미 있는 활동으로 전개할 수 있다.

3. 놀이자료

놀이자료는 유아가 세상을 접하고 자신의 생각과 감정을 표현하는 매개체이다. 유아는 다양한 놀이자료를 탐색하고 자신만의 방식으로 재구성하며 심미적인 경험을 하게 된다. 또한, 놀이자료를 가지고 놀이를 하는 과정을 통해 또래와의 상호작용이 활발해지고 성취감을 얻게 된다. 놀이자료는 유아가 일상생활에서 주로 접하는 사물들, 자연물, 자연물이나 자연현상 등 모든 것이 될 수 있다. 또한, 유아교육기관에서 사용하는 CD플레이어, TV, 컴퓨터 등 다양한 매체 등도 유아의 놀이를 풍부하게 해 준다.

교사가 특정 교육목표를 위한 자료나 정형화된 놀이방법을 제시하였더라도 유아는 다양한 방식으로 놀이할 수 있다. 따라서 교사는 유아가 놀이자료에 흥미를 갖고 탐색하며 놀이를 통해 놀이자료를 새로운 의미로 재창조할 때 유아의 자율성과 주도성을 격려하고 열린 마음으로 이를 수용해 주어야 한다. 유아의 다양한 놀이자료 활용을 위해 교사가 고려해야 할 사항은 다음과 같다(교육부 · 보건복지부c, 2019).

유아의 다양한 놀이자료 활용을 위한 교사가 고려해야 할 사항

- 유아가 결정한 자료활용 방법을 격려한다.
- 자연물이나 자연현상도 자료가 될 수 있다.
- 다양한 일상의 사물을 놀이자료로 활용한다.
- 자료가 없어도 놀이할 수 있다.
- 기존의 자료도 새롭게 활용해 본다.

첫째, 유아가 결정한 자료활용 방법을 격려한다.

교사는 대부분 어떤 교육적 의도나 목적을 가지고 유아에게 놀이자료를 제공한다. 그러나 유아는 자신만의 방식으로 놀이자료를 해석하고 교사의 의도와는 달리 놀이자료를 사용하기도 한다. 어떤 놀이자료는 단순한 탐색의 대상이 되기도 하고, 어떤 놀이자료는 다양한 방식으로 오랫동안 놀이 속에서 활용되기도 한다. 따라서 교사는 의도한 결과를 얻기 위해 계획한 활동으로 이끌기보다 놀이자료가 어떻게 놀이의 매개체가 되는지 관찰하고 유아가 스스로 선택한 방식으로 배움이 일어나도록 활동을 지원한다.

10월은 교통기관이 생활주제여서 자동차정비소 견학 후 자동차를 만들어 보도록 유아들에게 박스를 제공하였으나 교사의 의도와는 달리 집을 만들겠다고 하여 유아들에게 다양한 종이와 캔 등의 재활용품을 지원하였고, 유아들은 미술 영역에 있는 색종이, 빵끈, 요구르트병 등 다양한 재료와 재활용품을 사용하여 집을 완성하여 복도에 전시해 놓고 다른 반 유아들과 놀이집을 공유하였다.

둘째, 자연물이나 자연현상도 자료가 될 수 있다.

유아는 바깥놀이를 하거나 주변을 산책하면서 곤충, 풀, 꽃 등의 자연물을 보고 만지고 냄새 맡으면서 발견의 즐거움, 기쁨, 놀라움 등의 감정을 느낀다. 유아는 자연물로 놀이하는 과정에서 색, 모양, 선, 질감과 같은 자연물의 속성과 아름다움을 느끼고, 생명의 존귀함 등을 알게 된다. 빛과 그림자, 눈, 비, 구름 등과 같은 자연현상 또한 놀이의 매개체나 주제가 될 수 있다. 이처럼 자연은 매일의 삶 속에서 탐색, 관찰, 몰입을 통해 배움이 일어나도록 하는 좋은 자료이다.

● 자연물을 활용한 다양한 활동

조개와 돌들을 수집하여 미니 박물관을 꾸미고 다양한 방식으로 탐색하고 있는 유아들

나뭇잎을 수집하고 분류하고 교실로 가져와서 돋보기와 라이트박스를 활용해 관찰하고 있는 유아들

셋째, 다양한 일상의 사물을 놀이자료로 활용한다.

놀이방법이 정형화되어 있는 상업적인 놀잇감보다 일상에서 사용하는 다양한 사물이 유아의 놀이를 더 풍부하게 해 준다. 유아는 일상의 사물들을 놀이자료로 사용하면서 본래 용도 외에 물질의 형태, 색, 질감 등 감각적 특성을 발견하게 된다.

나뭇잎, 열매, 조개껍질, 귤껍질 등의 자연물과 플라스틱 숟가락, 플라스틱 병뚜껑, 빨대, 빵끈, 박스, 과자상자 등의 재활용품의 형태, 색, 질감, 촉감 등을 활용하여 재창조한 유아들의 작품들

넷째, 자료가 없어도 놀이할 수 있다.

유아는 몸으로 주변세계를 알아가고, 자신의 생각과 감정을 표현하고, 여러 가지 놀이를 한다. 실외로 나가면 유아는 놀잇감이 없어도 자신의 몸으로 놀이를 할 수 있고, 또한, 다른 유아와 만나 몸을 이용해 함께하는 놀이를 하기도 한다. 교사는 실내에서 유아의 신체 움직임을 지나치게 통제하거나 율동 및 대근육활동시간에만 허용하지 말고 유아가 몸의 움직임을 통해 놀이성을 찾을 수 있도록 지원하도록 한다.

자유선택활동시간에 친구와 팔씨름 게임을 하면서 자신의 신체의 힘을 조절하고 놀이의 규칙을 정하고 점수를 정하고 있는 유아들

다섯째, 기존의 자료도 새롭게 활용해 본다.

기존에 기관에서 가지고 있던 흥미 영역별, 생활주제별 자료도 잘 활용한다면 좋은 놀이자료가 될 수 있다. 교사는 유아가 기존의 자료를 새로운 방식으로 놀이하는 것을 허용하고 격려한다.

생활주제와 관련된 교사의 동시를 들은 후 수업에서 사용한 동시자료(카메라 모형, 꽃게 막대자료)를 활용하여 놀이를 하고 있는 유아

4. 상호작용

교사는 유아의 안전이 보장되는 상황에서 유아가 사용하는 모든 놀이공간과 놀이환경에 대해 개방적인 태도를 갖도록 한다. 유아가 또래, 교사, 환경과의 능동적인 상호작용을 하기 위한 교사의 지원방안을 살펴보면 다음과 같다(교육부 · 보건복지부c, 2019).

유아가 또래, 교사, 환경과의 능동적인 상호작용을 하기 위한 교사의 지원방안

- 유아와 유아의 상호작용을 지원한다.
- 유아와 환경의 상호작용을 지원한다.
- 놀이지원을 위해 관찰한다.
- 제안하며 놀이를 지원한다.
- 유아의 놀이에 참여하며 지원한다.
- 질문하며 놀이를 지원한다.
- 정서적으로 지원해 준다.

첫째, 유아와 유아의 상호작용을 지원한다.

교사는 유아의 놀이를 관찰하여 유아의 놀이상대와 놀이관계, 놀이방법 등을 파악하여 지원할 수 있다. 교사는 놀이하면서 갈등을 겪는 유아의 경우 유아 간 상호작용을 방해할 수 있는 직접적 개입보다는 유아 스스로 놀이에서 발생하는 문제를 해결할 수 있도록 기다려 주고 개입의 시기 또한 신중히 결정하도록 한다. 또한, 교사는 다른 친구들의 놀이에 참여하지 못하고 주변을 배회하는 유아의 경우 다른 친구들이 하는 놀이를 소개해 주고 유아에게 관심이 있는지 물어본 후 다른 친구들과 함께 놀이할 수 있도록 유아 간 관계를 지원한다.

둘째, 유아와 환경의 상호작용을 지원한다.

교사는 유아의 놀이를 관찰하면서 유아의 놀이내용, 놀이방법, 놀이상황, 놀이의 집중 정도 등을 파악하여 적합한 놀이공간을 지원한다. 또한, 교사는 유아가 자기 나름대로의 방식으로 다양한 놀이자료를 사용하고 재구성할 수 있도록 격려하고 허용하도록 한다.

셋째, 놀이지원을 위해 관찰한다.

교사는 유아가 놀이과정에서 흥미와 관심을 가지고 탐색하는 것을 관찰하면서 놀이지원 방법과 시기를 결정하도록 한다.

넷째, 제안하며 놀이를 지원한다.

교사는 유아의 놀이를 관찰하면서 유아의 흥미와 관심을 바탕으로 유아의 놀이 지원을 위한 제안을 할 수 있다. 또한, 교사는 유아들이 놀이 중 안전과 갈등상황 등의 문제가 발생했을 때 교사가 일방적으로 규칙을 정해 주기보다는 유아 스스로 규칙의 필요성을 느끼고 함께 규칙을 만들어 볼 수 있도록 제안할 수 있다.

다섯째, 유아의 놀이에 참여하며 지원한다.

교사는 유아와 함께 놀이과정에 참여함으로써 놀이의 즐거움을 나누고 공감과 소통이 원활해질 수 있다. 또한, 교사는 놀이참여를 통해 유아의 놀이특성에 대한 이해와 즉각적이고 효과적인 지원이 가능해진다.

여섯째, 질문하며 놀이를 지원한다.

유아는 놀이과정 중 "왜", "어떻게"와 같은 질문을 끊임없이 하면서 스스로 답을 찾기 위해 놀이에 집중한다. 교사는 예측한 답이 나오는 질문보다는 유아의 사고를 확장하고 스스로 문제를 찾고 해결할 수 있는 질문을 하도록 한다. 이와 관련된 교사의 질문과 유아의 사고과정의 예를 살펴보면 다음과 같다.

■ 젤리 만들기 요리활동 후 젤리의 가역성에 대한 예측과 추론하기

민지: 젤리를 물이나 불에 가까이 두면 녹나요?
교사: 만약에 젤리를 물이나 불에 가까이 두면 어떻게 될까요? (예측을 요하는 질문)
유아들: 안 녹을 것 같아요.
교사: 왜 안 녹을 거라고 생각해요? (추론을 요하는 질문)
민지: 얼음과 같이 딱딱하게 굳은 거는 나중에 녹는데 젤리처럼 말랑말랑하게 된 거는 나중에 안 녹아요. 밀가루처럼.

교사: 다른 친구들은 왜 녹지 않는다고 생각해요? (여러 유아의 사고를 이끌어 내는 질문)
예진: 어차피 완성되었으니까 더 이상은 풀리지 않아요.
교사: 그러면 얼음은 어떤가요?
유아들: 녹아요.
교사: 얼음은 왜 녹는 걸까요? (추론을 요하는 질문)
예진: 아무 성분이 없으니까요. 그거는 그냥 물이니까 무슨 성분이 안 들어 있으니까 그래요. 그냥 생이니까요.

■ 실험을 통해 가설 확인하기

교사: 자, 그러면 젤리를 물이나 불에 두면 어떻게 될지 볼까요? (관찰을 요하는 질문) 젤리를 물에 넣고 저어 보세요. 어떻게 되었나요? (가설에 대한 검증을 요하는 질문)
예진: 안 녹아요. 부서 보면 녹을 것 같은데요. (유아 스스로 다른 방법과 가설을 제안)
서정: (열심히 젤리 덩어리를 잘게 부순다.)
민지: (친구들이 젤리 덩어리를 부수는 것을 보면서) 안 돼요. 잘.
교사: 젤리를 물에 넣고 부셔 보았는데 어떻게 되었나요? (가설에 대한 실험결과 확인질문)
민지: 안 녹아요.
교사: 그럼, 이번에는 냄비 안에 있는 젤리가 불 위에서 어떻게 되는지 볼까요? (실험을 요하는 질문)
유아들: 네.
민지: 움직인다. 녹아요.
수민: 녹아요.
민지: 예진아! 이리 와 봐. 신기한 거 봐.
교사: 젤리를 불 위에 두니 어떻게 되었나요? (가설에 대한 실험결과 확인 질문)
민지: 녹았어요.
교사: 그러면 왜 불 위에 놓으면 녹을까요? (추론을 요하는 질문)
서정: 불은 뜨거워서.
민지: 젤리도 차가운데 물도 차가워서 안 녹아요. 그런데 불은 뜨겁고 젤리는 차가우니까 녹아요.

출처: 정연희(2005). 요리활동에서의 요리재료의 변화에 대한 유아의 이해구축과정. 중앙대학교 대학원 박사학위논문. pp. 96-98. 일부 내용 발췌.

일곱째, 정서적으로 지원해 준다.

교사는 유아가 놀이를 통해 성취감을 얻을 수 있도록 긍정적인 정서지원을 한다. 긍정적인 정서지원에는 비언어적 상호작용과 언어적 상호작용이 있다. 비언어적 상호작용으로는 공감, 끄덕거림, 미소 등이 있다. 언어적 상호작용으로는 "와! 이 많은 퍼즐 조각을 혼자서 다 맞추다니 대단한데."와 같은 감탄의 말이나 "블록을 큰 것부터 쌓아 올리고 있구나. 이번에는 더욱 튼튼하고 멋진 탑이 만들어지겠는 걸."과 같은 격려의 말이 이에 해당한다. 교사의 긍정적인 정서지원을 통해 유아는 존중받는 느낌을 받게 되고 놀이에 더욱 적극적으로 참여하게 된다.

CHAPTER 12

놀이 중심 교육과정에 기초한 유아교육과정의 평가

01 놀이 중심 교육과정에서의 평가

02 유아평가

03 교사평가

1. 놀이 중심 교육과정에서의 평가

개정 누리과정에서는 기관 및 학급 수준 교육과정 운영의 자율성이 강화됨에 따라 평가방법과 시기에 대해서도 자율성을 가지도록 하고 있다. 교사는 관찰과 기록, 수집, 부모 설문지 등의 다양한 방법을 이용하여 유아와 누리과정 운영에 대한 평가를 실시한다. 평가를 실시하기 위한 절차는 다음과 같다(교육부 · 보건복지부c, 2019).

1) 평가를 위한 자료 모으기

교사는 유아의 놀이와 일상을 관찰하고 기록한 후 유아의 이해와 놀이지원에 중요하다고 판단되는 자료를 수집하게 된다. 자료를 수집할 때에는 내용 조직이 용이하고, 기록을 쉽게 활용할 수 있으며, 관리시간이 덜 드는 방법을 선택하도록 한다.

(1) 다양한 방식으로 기록해 본다.

유아의 일과를 관찰기록할 때는 관찰내용을 메모지에 핵심단어 위주로 간략히 기록하고 세부적인 내용은 일과 후 보완하여 기록할 수 있다. 이때 유아 명, 시간, 장소, 상황, 누리과정 관련 요소 등을 포함하여 작성하거나 일지양식이나 일일계획안의 평가란을 활용하여 다양한 방식으로 기록이 가능하다.

소방서 견학 후 유아들의 관심이 소방관에게 쏠려 소방관놀이를 하였는데 유아들이 탈 수 있는 소방차가 필요하여 만들기로 하였다. 이에 교사는 유아의 소방차 제작과정을 사진으로 찍고 간단히 메모를 하여 추후 소방차의 완성과정을 정리하였다. 위의 장면은 유아가 박스로 소방차를 꾸미고 페트병은 교사가 송곳으로 뚫어 주어 유아가 빨대를 페트병에 연결해 운전대가 돌아가도록 제작하는 장면이다.

2) 자료 활용하여 평가하기

수집한 자료는 유아의 특성과 변화 정도를 평가하고 누리과정 운영을 평가하는 데 사용된다.

(1) 유아의 특성 및 변화 정도를 평가한다.

유아의 일상생활과 놀이과정에 대한 관찰기록, 작품, 사진, 동영상 등을 통해 유아의 흥미와 관심, 놀이선호, 또래와의 상호작용 등 유아의 특성과 변화 정도를 평가할 수 있다.

만 4세 유아들의 전신 그림 그리기에 나타난 상징적 표상과정을 기록한 예

전신 그림 그리기에 나타난 만 4세 유아의 표상	그리기 활동
유아들은 몸속 기관을 곡선과 네모 동그라미 등 평면도형을 사용하여 상징적으로 표상하였다: 핏줄, 목과 식도, 무릎뼈 등	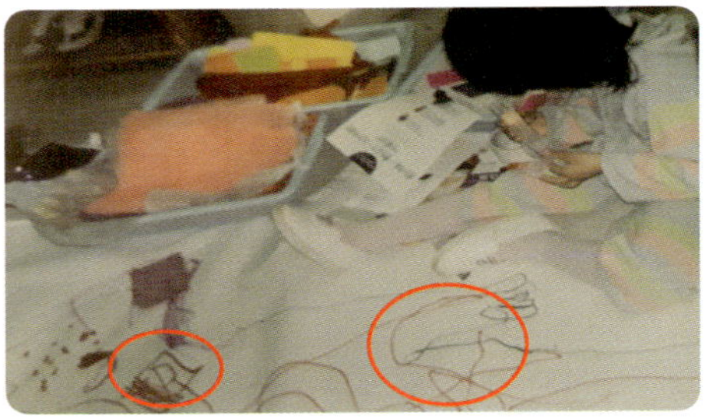 목구멍은 동그라미, 식도는 네모, 몸에 있는 핏줄은 곡선을 사용해 표현하고 있는 유아
유아들은 자신이 있는 방향을 중심으로 그림을 그려 그림들은 사방으로 향해 있는 형태가 되었다. 전신 그림 주변에 자기 주변 환경에 있는 친숙한 사물들(사람, 집, 자동차, 새, 나무, 토끼, 기린, 비행기)을 대상으로 표상하였다.	 전신 그림 주변에 집, 나무, 사람 등 다양한 사물을 그려 넣고 있는 유아들

(2) 누리과정 운영을 평가한다.

누리과정 운영평가는 누리과정 운영의 질을 개선하기 위해 일과구성의 적절성, 놀이경험의 내용과 방법 등을 반성적으로 검토하는 과정이다. 교사는 유아들의 놀이참여과정의 기록을 토대로 교육과정을 평가하고, 교육과정계획에 반영하여 교육과정을 개선할 수 있다.

유아 놀이 관찰내용과 누리과정 운영평가를 함께 기록한 예

구분	내용
유아 놀이관찰 내용	주현이가 봄나물로 가방을 만들었다. 서진: 이거 가방! 가방이야 가방! 서진이 거야. 주현: 서진아 너도 만들래? 주현이가 서진이에게 지퍼백을 준다. 서진이가 가방 만들기를 어려워하자 주현이와 교사가 도움을 주어 완성한다. 가방이 완성되자 서진이는 주현이에게 가방을 보여 준다. 교사: 이거 가방이야. 서진: 이거 가방이야. 교사는 서진이가 주현이에게 언어로 표현할 수 있도록 지원한다.
누리과정 운영평가	• 친구의 놀이를 관심 있게 지켜보는 장애유아를 관찰하던 중 일반유아가 장애유아의 놀이참여를 유도하는 상호작용이 일어났고, 긍정적인 통합놀이의 모습을 관찰할 수 있었음. • 장애유아가 어려워하는 부분에 대해서는 교사가 신체적 촉진, 언어적 모델링 등을 통해 지속적인 놀이지원을 하였음 • 놀이 전반에서 장애유아와 일반유아의 놀이가 즐겁게 이루어졌으며, 친구의 이야기에 집중하고 모방하여 표현하는 장애유아를 관찰할 수 있었음 • 바깥놀이에서 할 수 있는 통합활동을 계획해 보고자 함

출처: 교육부 · 보건복지부(2019). 2019 개정 누리과정 놀이실행자료. 교육부. p.160.

(3) 놀이에서 누리과정 5개 영역을 경험하였는지 돌아본다.

교사는 유아의 놀이경험 내용과 누리과정의 5개 영역과의 연계를 검토하여 유아의 놀이지원을 계획할 수 있다.

유아의 놀이경험(종이컵 놀이, 해 봐야 알아요!)을 누리과정 5개 영역 내용과 연계한 예

누리과정 영역	내용
사회관계	**나를 알고 존중하기:** 내가 할 수 있는 것을 스스로 한다. **더불어 생활하기:** 친구와의 갈등을 긍정적인 방법으로 해결한다. **더불어 생활하기:** 서로 다른 감정, 생각, 행동을 존중한다. • 유아는 종이컵을 가지고 자신의 생각대로 자유롭게 놀이한다. 유아는 '선을 넘지 말자', '종이컵 동그라미 밖으로 나가면 안 돼' 등의 규칙과 질서를 스스로 만들어서 놀이 중에 생기는 갈등을 긍정적으로 해결한다. 유아는 놀이하면서 놀이규칙을 만드는 과정에서 서로의 감정, 생각, 행동을 존중한다.
예술경험	**창의적으로 표현하기:** 다양한 미술 재료와 도구로 자신의 생각과 느낌을 표현한다. • 유아는 종이컵과 다른 재료들을 활용하여 댄싱 컵, 게임 도구(구슬찾기, 공 불기, 공 던지기), 울타리, 머리띠와 팔찌 등을 만들며 자신의 생각과 느낌을 표현한다.
자연탐구	**탐구과정 즐기기:** 궁금한 것을 탐구하는 과정에 즐겁게 참여한다. **생활 속에서 탐구하기:** 물체의 특성과 변화를 여러 가지 방법으로 탐색한다. • 유아는 종이컵으로 만들고 꾸미는 놀이를 하면서 다양한 재료와 도구를 탐색해 간다. 유아는 종이컵을 자르고 종이컵 안에 스티로폼 공을 넣는 등 탐구과정에 적극적으로 참여하여 종이컵, 스티로폼 공의 특성을 알아 간다. 또 종이컵을 쌓거나 한 줄로 나열하고 색깔별로 분류하면서 물체의 특성과 변화를 여러 가지 방법으로 탐색한다.

출처: 교육부 · 보건복지부(2019). 2019 개정 누리과정 놀이이해자료. 교육부. p.70.

2. 유아평가

유아평가는 놀이과정의 자연스러운 맥락에서 이루어져야 하며, 평가를 통해 유아의 흥미, 발달수준, 인지, 정서, 기술 등을 파악할 수 있다. 또한, 유아의 발달 정도를 파악하기 위해 지속적인 평가가 이루어져야 한다(김미경, 2018). 유아평가의 목적은 개별 유아에 대해 정확히 이해하고, 이를 교육에 반영하여 유아의 전인적 성장을 도와주는 데 있다. 유아평가방법에는 관찰법, 검사법, 면접법, 포트폴리오 등이 있다. 평가방법의 종류를 살펴보면 다음과 같다(김미경 외, 2018; 문미옥, 2008; 이기숙 외, 2013).

1) 관찰법

가장 보편적으로 사용되는 평가방법으로 유아의 모습을 관찰자가 본대로 기록하는 것이다. 관찰법에는 일화기록법, 행동목록법(체크리스트), 평정척도법 등이 있다. 이러한 평가방법에 대해 살펴보면 다음과 같다(김미경 외, 2018; 문미옥, 2015; 이기숙 외, 2013).

(1) 일화기록법

일화기록은 유아가 경험하는 짧은 내용의 사건이나 유아의 말과 행동을 시간 순서대로 기록하는 것으로 유아의 평가에 가장 많이 활용되고 있는 방법이다. 상황에 대한 정보를 모르더라도 읽는 사람이 그 사건이나 상황을 확실히 알 수 있도록 주변 상황, 유아의 말과 행동 등을 사실적으로 기록한다. 일화기록은 관찰날짜와 시간, 기록날짜와 시간, 관찰대상 유아의 이름, 유아의 연령(월령), 관련된 발달영역 등을 객관적으로 기술한다.

수업 중에 관찰한 내용을 기록할 경우 사건, 주변 상황을 간략한 문장이나 주요 단어로 기록해 두었다가 일과가 마무리된 후 정리하도록 한다.

다음은 과학 영역에서 과일과 채소를 탐색하고 분류하는 활동을 하는 유아 중 한 명의 말과 행동을 기록한 예이다.

<table>
<tr><td>관찰유아</td><td>정보민</td><td>관찰자</td><td>이연진</td></tr>
<tr><td>생년월일
(연령)</td><td>20○○년 ○월 ○일
(5년 1개월)</td><td>관찰일시</td><td>20○○년 ○월 ○일 ○요일
10시 20분~10시 40분</td></tr>
<tr><td>성별</td><td>남 / 여</td><td>관찰장소
(관찰장면)</td><td>과학 영역
(과일과 채소 탐색)</td></tr>
<tr><td>기록</td><td colspan="3">
보민, 현준, 상호, 동철, 미정, 효진이 과학 영역에서 과일과 채소를 나누고 있다. 보민은 동철에게 호두를 건네며 "이거 과일있는 데 넣어."라고 한다. 동철은 "호두는 과일이 아니야. 과일처럼 달지도 새콤하지도 않고 딱딱해."라고 하면서 호두를 채소 있는 쪽에 놔둔다. 보민은 "이건 과일이야. 나무에서 열리는 딱딱한 열매야. 채소는 밭에서 길러. 그러니까 과일에 넣어."라고 하면서 과일 쪽에 호두를 넣는다.</td></tr>
<tr><td>해석</td><td colspan="3">보민은 과일과 채소의 차이에 대해 정확히 알고 있었으며, 또래에게 그 차이를 설명할 줄 알았다. 분류개념이 성립되기 위해 사물의 물리적 속성을 파악하는 것과 사물의 공통점과 차이점을 비교하는 것이 필요하다. 보민은 과일과 채소가 나는 곳이 다름을 알고 있었으며 호두를 과일이라고 분류하였다.</td></tr>
</table>

출처: 정연희(2009). 유아수학교육. 창지사. p.127.

다음은 표준보육과정 영역에 기초한 어린이집 유아반 만 3세 유아에 대한 일화기록의 예이다.

영유아 관찰기록

관찰자: 박세영

관찰유아명	김성준	성별	(남), 여
생년월일(연령)	20○○년 ○월 ○일 (3년 7개월)	관찰일시	20○○년 ○월 ○일 월요일 9시 10분~17시 20분

구분		관찰내용	해석
기본생활/일상생활	식습관	급식에 나온 감자조림을 보고 성준이가 오른손으로 감자조림을 잡으려 하자 교사가 "성준아, 포크로 먹자."라고 하자 성준이가 손을 놓고 포크를 사용하여 감자조림을 먹는다.	성준이는 음식을 잘 먹는 편이나 아직 도구를 사용해 먹는 것에 익숙하지 않다.
	배변습관	낮잠을 자고 일어나서 교사에게 "선생님, 쉬 마려워요."라고 이야기를 하고 교사가 "화장실 다녀오세요."라고 말하면 화장실로 가 소변을 본다.	화장실을 갈 때 교사에게 용변이 마렵다고 의사를 표현하고 화장실을 간다.
	수면습관	교사가 이불장에서 이불을 꺼내 주자 스스로 자리에 앉아 이불을 편다. 낮잠시간이 끝난 후 교사가 "재준아, 일어나야지." 하며 몸을 토닥이자 일어나서 바닥에 앉는다.	수면 분위기를 조성해 주면 잠을 잘 자며, 보채지 않고 잘 일어난다.
신체운동	실내	색칠한 꿀벌을 스스로 3~4번 가위질을 해 보다가 교사에게 종이를 내밀며 "선생님, 이거 잘라 주세요."라고 말한다.	소근육을 이용하여 가위질하는 데 익숙하지 않다.
	실외	바깥놀이에 나가서 성준이가 웅호와 함께 손을 잡고 달리다가 손을 놓고 달린다. 달리다가 멈추고 교사와 손을 잡고 한 발로 서서 제자리에서 뛴다.	바깥놀이를 좋아하며, 친구와 손을 잡고 달릴 수 있고 도움을 받아 한 발로 뛸 수 있다.
의사소통		교사가 "공원에 가 본 적 있니?."라고 물어보자 "형아랑 성준이도 공원에서 자주 놀아요."라고 말한다.	"공원에 가본 적 있니?."라는 교사의 질문에 자신의 이전 또는 현재의 경험을 말로 표현할 수 있다.
자연탐구		빨간색, 파란색, 노란색 셀로판지가 붙여진 OHP필름을 들고 실외로 나가 잔디를 비춰보며 "선생님, 잔디가 빨간색이에요."라고 말한다. 교사가 셀로판지를 들고 그림자를 보라고 하자 "무지개색 그림자에요."라고 말한다.	다양한 색의 셀로판지를 이용해 잔디를 비춰 보는 것에 관심을 가지고 이를 말로 표현할 수 있다.
예술경험		미술 영역에서 종이를 가져와 교사에게 "선생님, 꿀벌 그려 주세요."라고 말한다. 꿀벌을 그려 주자 주황색만 이용해 색칠을 한다. 교사가 "성준아, 다른 색도 한번 써 볼래?"라고 하자 빨간색 색연필을 들고 칠한다.	한 가지 색만 선호하여 색칠하는 편이어서 다양한 색도 사용할 수 있도록 격려해 주도록 한다.

다음은 물과 얼음에 대한 선개념을 알아보고자 토론활동을 하던 중 한 유아가 물의 색깔에 대한 개념을 아름다운 시적 언어로 표현하여 교사가 기록해 둔 예이다.

물은 색깔이 없다. 하지만 바다에 있는 물은 깊어서 파란색으로 보이고 더 깊이 들어가면 검정으로 보인다. 뜨거운 햇빛 앞으로 가면 하얗게 보이고 해가 뜨고 노을이 지면 빨간색으로 반짝거린다.

어느 만 5세 음유시인의 아름다운 언어를 기록하며…

출처: 정연희(2014). 요리활동을 통한 유아과학교육의 실제. 공동체. p.286.

(2) 행동목록법(체크리스트)

행동목록법은 체크리스트라고도 부르며, 유아의 현재 상태를 평가하기 위해 관찰하고자 하는 내용을 행동목록으로 작성하여 각 항목에 해당하는 행동을 보일 경우 체크하는 방법이다. 행동목록법은 이미 만들어진 자료를 가지고 사용하거나 교사가 직접 제작하여 사용할 수 있다.

행동목록법은 행동의 발생 유무를 쉽게 파악할 수 있는 도구이나 행동의 발생빈도나 질적인 측면에 대한 정보는 제공하지 못하는 단점이 있다.

다음은 유아의 행동 발달 관찰기록지 중 기본생활습관에 대한 체크리스트를 일부 발췌한 예이다.

행동발달 관찰기록지

관찰유아: 　　　　　생년월일: 　　　　(남/여)
관찰자: 　　　　　관찰일:

다음은 유아의 발달을 전체적으로 평가해 볼 수 있는 체크리스트이다.

1. 대상 유아를 선정하여 관찰한다.
2. 체크리스트에 있는 행동이 나타나면 ∨로 표시한다.
3. 체크리스트 마지막에 각 발달영역별로 요약을 한다.

기본생활습관	예	아니오
1. 정리정돈을 할 수 있다(예: 놀잇감, 작업, 간식책상).		
2. 간식/식사 전에 손을 씻는다.		
3. 규칙(차례, 약속)을 잘 지키는 편이다.		
4. 어른에게 존댓말을 사용한다.		
5. 음식을 골고루 먹는다.		
6. 혼자서 옷을 입을 수 있다.		
7. 화장실 사용 후 뒤처리를 혼자 한다.		

(3) 평정척도법

평정척도법은 유아에게서 발생하는 일정한 행동의 정도나 특성의 정도를 몇 단계로 나누어 평정하는 것이다. 평정척도는 주로 홀수로 구분되며, 3점척도, 5점척도, 7점척도로 나눈다. 작성이 용이하고 수량화하기 편하나 유아의 행동을 관찰하고 행동의 정도를 판단하여야 하기 때문에 행동목록법보다는 상대적으로 시간이 더 소요되며, 개인적 편견이나 오류가 개입될 수 있다.

다음은 도형개념과 관련된 5점 평정척도의 예이다.

번호	내용	매우 그렇다	약간 그렇다	보통 이다	아니다	전혀 아니다
1	사물의 모양에 관심을 갖는가?					
2	동그라미 모양의 사물을 보고 이름을 말할 수 있는가?					
3	네모 모양의 사물을 보고 이름을 말할 수 있는가?					
4	세모 모양의 사물을 보고 이름을 말할 수 있는가?					

출처: 정연희(2009). 유아수학교육. 창지사. p128.

2) 검사법

(1) 표준화 검사

표준화 검사는 검사의 목적, 내용, 대상, 절차, 실시조건, 채점 및 결과해석이 표준화되어 있다. 따라서 유아의 발달특성을 객관적으로 평가하기에 용이하다. 표준화 검사는 신뢰도가 높고 동일한 기준의 평가도구로 측정할 수 있다는 장점이 있으나 서열화를 조장하고 현대 유아의 발달 특성변화를 고려하지 못하거나 유아에게 스트레스를 유발하는 단점이 있어 보완적 역할이나 진단적 정보로 주로 사용한다.

(2) 교사 제작 검사

교사 제작 검사는 표준화 검사를 교사가 직접 제작한 검사이다. 유아의 특정 행동에 대해 평가를 내릴 수 없는 적합한 도구가 없을 때 교사는 표준화 검사를 직접 개발하고 제작할 수 있다. 교사 제작 검사는 실제적인 도움을 제공할 수 있는 좋은 평가도구가 될 수 있으나 개발 시 도구의 신뢰도나 타당도를 검증하는 과정가 절차가 복잡하고 많은 에너지와 경비가 소요되는 이유로 실현되는 데 한계가 있다.

3) 면담법

면담은 대화를 통해 유아나 부모로부터 다양한 자료를 획득하는 방법이다. 부모상담과 같은 공식적인 면담으로 일어나기 쉬우나 등하원 등의 짧은 만남을 통해 비형식적 · 비공식적 면담도 가능하다. 면담은 상대방의 진실되고 사적인 내용의 자료를 수집할 수 있고, 다른 평가와의 병행이 가능하다.

면담은 면담대상의 상황에 따라 융통성 있는 질문이 가능하고 질문에 대한 응답, 비언어적 행동 등 다양한 정보를 동시에 얻을 수 있다. 다른 평가방법에 비해 응답률이 높고 이해하지 못한 부분에 대한 질문을 추가할 수 있는 장점이 있으나 피면담자와의 유대감 형성에 시간이 필요하고 감정적 몰입으로 객관적이지 못한 면담자의 편견이 개입될 수 있어 신뢰도를 떨어뜨릴 수 있다는 한계가 있다.

4) 포트폴리오

포트폴리오는 시간의 흐름에 따라 변화하는 유아의 성장과 발달, 학습과정과 결과 등에 활동작업 대한 관찰자료를 체계적으로 수집하고 보관하며 조직한 파일로서 유아의 지식, 태도, 기술 등을 판단하는 평가방법이다(강숙현, 2000).

포트폴리오 구성 시 자료를 수집하는 교사는 일정한 기준과 절차를 거쳐 구성하도록 한다.

포트폴리오의 내용은 일화기록, 관찰체크리스트, 교사의 설명과 해석, 부모면담기록, 활동작업 샘플, 관찰일지, 교사저널, 유아의 이야기, 대화기록, 읽은 책의 목록, 작품들, 프로젝트 과정분석자료, 사진 등 유아의 발달과 성장을 이해하는 데 도움이 되는 자료는 모두 포함된다. 어떤 기준 없이 모든 정보들을 나열하는 것은 포트폴리오라고 볼 수 없다. 수집한 자료의 양이 중요한 것이 아니라 유아의 발달적 변화를 나타내거나 학습의 과정이 보일 수 있도록 구성해야 교육행위에 대한 평가가 가능해진다. 포트폴리오의 종류는 전시포트폴리오, 평가포트폴리오, 기록포트폴리오, 과정포트폴리오 등이 있다(문미옥, 2015).

(1) 전시포트폴리오

유아의 최상의 작품이나 결과물을 전시할 때 사용된다. 유아가 자신의 작품을 들여다보면서 스스로 자신에 대한 자부심을 가질 수 있다.

(2) 평가 포트폴리오

프로그램의 목적, 목표, 기준에 따라 유아의 진보를 평가할 때 사용된다. 일화기록, 관찰체크리스트, 평정척도검사 등이 이에 속한다.

(3) 기록 포트폴리오

유아를 인계할 다음 교사에게 유아의 발달에 대한 모든 기록을 제공할 때 사용된다. 일화기록, 관찰체크리스트, 교사의 설명과 해석, 부모면담기록, 결과물 등이 포함된다.

(4) 과정 포트폴리오

시간의 흐름에 따라 진행된 프로젝트에서 나타나는 작업내용이 이에 속한다.

3. 교사평가

교사평가의 목적은 다음과 같다(문미옥, 2015).

첫째, 교사의 책임을 성실히 수행하고 있는지 판단하기 위해 교사평가를 한다.
둘째, 교사의 전문성 신장을 위해서 교사평가를 한다.
셋째, 인사관리에서의 판단기준으로 사용하기 위해 교사평가를 한다.

1) 자기평가

(1) 자기평가척도를 사용한 평가

교사 스스로 다양한 자기평가척도를 사용하여 평가를 시행해 볼 수 있다. 본인의 교수행위에 대해 주기적으로 자발적인 평가를 시행하는 것은 교사의 반성적 사고를 도모하고, 능률적이며 바람직한 교사로 성장하는 데 도움을 줄 수 있다.

(2) 반성적 저널 쓰기

반성적 저널 쓰기는 교사가 감추어진 신념들을 나타내어 검토하고 분석할 수 있는 기회를 제공함으로써 교사의 반성적 사고를 촉진한다. 저널 쓰기는 개인적 생각을 적는다는 점에서 일기와 유사하나 자신이 무엇을 하는지, 무엇을 느끼는지, 자신이 왜 해야 하는지 반성적 사고가 반영된다는 점에서 차이가 있다.

반성적 저널 쓰기에서 주요 인물과 해결해야 할 문제나 갈등, 문제해결과 관련된 사건 등을 토대로 저널을 쓰는 것은 반성적 사고를 향상시키는 데 도움이 된다. 또한, 반성적 저널 쓰기는 유아교육기관과 학급에서 일어나는 교수와 관련된 실천행위를 스스로 관찰, 분석, 평가할 수 있는 수단으로서 교사 자신이 자율적 의사결정자가 되도록 도움을 준다. 그러나 교사가 쓰는 것을 좋아하고 기록하고 반성할 수 있는 능력을 갖추었을 때 효과적이다. 따라서 저널 쓰기를 통해 반성적 사고의 향상이 이루어지도록 하려면 지속적으로 자신과 대화하면서 자신의 교육신념이나 교수실제를 분석하고 문제해결방안을 고안하고 결과를 예측해 보는 일련의 과정이 필요하다.

2) 타인에 의한 평가

(1) 교사평가도구를 활용한 동료평가

교사를 평가하는 도구는 동료 간 평가에 사용된다. 동료 간 평가는 자칫 경쟁적이고 위협적으로 여겨질 수 있으나 자신을 객관적인 시각으로 판단할 수 있고 자기발전의 계기가 될 수 있으므로 이를 받아들일 수 있는 열린 마음이 필요하다.

(2) 수업분석

수업분석은 동료 교사의 수업이나 수업사례를 분석해 보는 방법이다. 대부분의 교사들은 교수활동을 할 때 동료들의 수업을 관찰하거나 자신의 수업에 대해 동료로부터 조언을 얻을 기회가 별로 없다. 수업사례분석을 통해 자신의 교수행위를 객관적으로 들여다보고 동료교사의 피드백을 얻을 수 있기 때문에 교사의 반성적 사고를 기르는 데 도움이 된다.

참고문헌

강숙현(2000). 유아교육현장에서의 포트폴리오 구성과 운영. 유치원교사 일반(학습지도)연수강의자. 전라남도 교육연수원.

경기도교육연구원(2019). 미래형 유아교육정책비전과 방향수립 [전자자료]: 최종보고서. 수원: 경기도 교육연구원.

경기도교육청(2017). 놀이2017「놀이 중심 교육과정 이해자료」. 경기도 교육청

경기도교육청(2018). 놀이 2018「놀이 중심 교육과정 실천자료」. 경기도교육청.

교육과학기술부(2012). 5세누리과정 교사용 지도서 제1권 유치원과 친구. 교육과학기술부.

교육부(1998). 유치원 교육과정. 서울: 대한교과서 주식회사.

교육부 · 보건복지부 · 육아정책연구소(2019). 2019 개정 누리과정 교사연수자료: 강사용. 교육부.

교육부 · 보건복지부a(2019). 2019 개정 누리과정 해설서. 교육부.

교육부 · 보건복지부b(2019). 2019 개정 누리과정 놀이이해자료. 교육부.

교육부 · 보건복지부c(2019). 2019 개정 누리과정 놀이실행자료. 교육부.

김미경 · 나유미 · 박수진 · 이혜정 · 정경미(2018). 유아교육과정. 양성원.

김용숙(2018). 유아교육과정. 양서원.

김유정 · 유은석 · 하정희(2011). 영유아교육기관의 실습지도. 공동체.

김은희(2000). 레지오 에밀리아 접근법의 이해와 현장적용. 창지사.

김태완(2016). 미래사회 전망과 교육구상. 제95차 KEDI 교육정책포험 자료집, 2-17.

김희진 · 오문자 역(1996). 캐롤린 에드워즈 · 렐라 간디니 · 조지포먼 편저. 레지오 에밀리아의 유아교육. 정민사.

문미옥(2015). 교육과 보육을 위한 영유아교육과정. 창지사.

박영신 · 박은주 · 석은조 · 신은정 · 오성숙 · 이경하(2015). 영유아교육과정. 창지사.

방인옥 · 고문숙 · 김은정 · 김준규 · 김태선 · 손혜숙 · 신혜영 · 원중연 · 정연희 · 주봉관 · 조경서 · 한은숙(2008). 유아교육개론. 정민사.

방인옥 · 박찬옥 · 이기현 · 김은희(2009). 유아교육과정(제3판). 정민사.

보건복지부(2020). 보건복지부 고시 제 2020-75호에 따른 제4차 어린이집 보육과정 해설서. 보건복지부.

보건복지부 · 중앙육아종합지원센터(2020).「2019 개정 누리과정」보육일지 개선방향 및 일지양식예시. 보건복지부 · 중앙육아종합지원센터.

삼성복지재단(2003). 삼성어린이집영유아프로그램 총론. 다음세대.

신화식 · 이희경 · 오은순 · 곽노의 · 김명희(2006). 영유아놀이지도. 교문사.

안경숙 · 정연희(2007). 프로젝트 접근법의 활용. 창지사.

양옥승 · 최경애 · 이혜원(2011). 영유아교육과정. 학지사.

오영희 · 박창옥 · 박영양(2005). 유아를 위한 놀이이론과 실제. 21세기사.

유광찬(1999). 교육과정의 이해. 교육과학사.

유광찬(2008). 교육과정의 이해. 교육과학사.

이귀숙 · 이성한 · 하진희(2009). 놀이지도. 동문사.

이기숙 · 김정원 · 이현숙 · 전선옥(2013). 유아교육과정(제3판). 공동체.

이상욱 · 정희영 · 장은희 · 강은주 · 황현주 · 유은정 · 김정희 · 윤선화 · 조혜정 · 김성원(2009). 21세기 영유아교육과정. 학지사.

이성호(2004). 교육과정 개발과 평가. 양서원.

임미선 · 박성희 편저(2018). 유아임용 공립유치원임용시험대비 유아교육개론 ① 유치원 교육과정의 이론적 기초. 공동체.

임재택, 김은주, 하정연, 권미량, 조채영(2008). 생태유아교육프로그램. 경기: 공동체.

전경화 · 라정숙 · 김영주 · 홍은경 · 엄정례 · 한은숙(2009). 예비유아교사를 위한 유아교육과정. 교육과학사.

전남련 · 김재환 · 성은숙 · 이은임 · 김기선 · 이효수 · 엄은옥(2012). 영유아놀이지도. 신정.

정연희(2005). 요리활동에서의 요리재료의 변화에 대한 유아의 이해구축과정. 중앙대학교 대학원 박사학위논문

정연희(2009). 유아수학교육. 창지사.

정연희(2014). 요리활동을 통한 유아과학교육의 실제. 공동체.

정연희a(2017). 유아교과교재 및 연구법(증보). 창지사.

정연희b(2017). 유아과학교육. 동문사.

지옥정(1997). 유아교육현장에서의 프로젝트 접근법. 창지사.

최애경 · 안부금 · 좌승화(2010). 영유아교육과정. 양서원.

통계청(2019). 장래인구 특별추계 전망. 보도자료(2019.06.27.).

통계청a(2020). 「경제활동인구 및 증가율」. https://kosis.kr.

통계청b(2020). 「합계출산율」. https://kosis.kr.

하순련(2008). 다중지능이론에 접근한 프로젝트 접근방법의 이론과 실제. 양서원.

하정연 · 이연주(2017). 월별로 보는 생태유아교육프로그램. 공동체.

한국유아교육학회(1996). 유아교육사전(용어 편). 창지사.

황의명 · 조형숙(2001). 탐구능력증진을 위한 유아과학교육. 정민사.

Almy, M.(1975). *Early chidhood education at work*. New York: McGraw-Hill Book Co.

Gardner, H.(1993). *Multipul intelligences: The theory in practice*. NewYork : Basic Books.

Goffin, S. C. & Wilson, C. (2001). *Curriculum models and early education: appraising the relationship*(2nd ed.). Upper Saddle River, New Jersey: Merrill Prentice Hall.

Hug, J. W.(1998). *Learning and teaching for an ecological sense of place toward environmaental science education praxis*. Unpublished Doctoral Dissertation, The Penn State University.

Katz, L. G. & Chard, S. C.(1989). *Engaging Chidren's minds*. NY: Ablex.

Morrison, G. S.(1988). *Early childhood education today*(4th ed.). Columbus, OH: Merrill.

Schwartz, S. L. & Robinson, N.F.(1982). *Designing curriculum for early childhood*. Boston: Allyn & Bacom.

Spodek, B. & Saracho, O. N.(1994). *Right from the start: Teaching childre ages three to eight*. Allyn and Bacon.

Tanner, D. & Tanner, L. N.(1980). *Curriculum Development: Theory into practice*. NY: Macmillan.

저자소개

정연희

중앙대학교 유아교육학과(문학사)
중앙대학교 유아교육학과 대학원(문학석사)
중앙대학교 유아교육학과 대학원(문학박사)
현) 서정대학교 유아교육과 교수

주요저서

프로젝트 접근법의 활용(공저, 1998)
유아수학교육(2009)
요리활동을 통한 유아과학교육의 실제(2014)
유아과학교육(2017)
제작과정중심의 교과교재연구 및 지도법(2019)

2019 개정 누리과정(유아 · 놀이 중심 교육과정)에 기초한

유아교육과정

초 판 1쇄 인쇄 2020년 12월 22일
초 판 1쇄 발행 2020년 12월 30일

지 은 이 | 정연희
펴 낸 이 | 김기섭
편 집 인 | 이혜란
펴 낸 곳 | 창지사 www.changjisa.com
08589 서울시 금천구 가산디지털 1로 83 파트너스타워 1차 9층
전화 (02)719-2211~3
팩스 (02)701-9386
등 록 | 1977년 4월 28일 · 제1-421호

ISBN 978-89-426-1401-1 (93370)

값 20,000원